THAISE WOORDENSCHAT
nieuwe woorden leren

T&P Books woordenlijsten zijn bedoeld om u te helpen vreemde woorden te leren, te onthouden, en te bestuderen. De woordenschat bevat meer dan 3000 veel gebruikte woorden die thematisch geordend zijn.

- De woordenlijst bevat de meest gebruikte woorden
- Aanbevolen als aanvulling bij welke taalcursus dan ook
- Voldoet aan de behoeften van de beginnende en gevorderde student in vreemde talen
- Geschikt voor dagelijks gebruik, bestudering en zelftestactiviteiten
- Maakt het mogelijk om uw woordenschat te evalueren

Bijzondere kenmerken van de woordenschat

- De woorden zijn gerangschikt naar hun betekenis, niet volgens alfabet
- De woorden worden weergegeven in drie kolommen om bestudering en zelftesten te vergemakkelijken
- Woorden in groepen worden verdeeld in kleine blokken om het leerproces te vergemakkelijken
- De woordenschat biedt een handige en eenvoudige beschrijving van elk buitenlands woord

De woordenschat bevat 101 onderwerpen zoals:

Basisconcepten, getallen, kleuren, maanden, seizoenen, meeteenheden, kleding en accessoires, eten & voeding, restaurant, familieleden, verwanten, karakter, gevoelens, emoties, ziekten, stad, dorp, bezienswaardigheden, winkelen, geld, huis, thuis, kantoor, werken op kantoor, import & export, marketing, werk zoeken, sport, onderwijs, computer, internet, gereedschap, natuur, landen, nationaliteiten en meer ...

INHOUDSOPGAVE

UITSPRAAKGIDS

T&P fonetisch alfabet	Thai voorbeeld	Nederlands voorbeeld

Klinkers

[a]	ห้า [hâ:] – hâa	acht
[e]	เป็นลม [pen lom] – bpen lom	delen, spreken
[i]	วินัย [wi? naj] – wí–nai	bidden, tint
[o]	โกน [ko:n] – gohn	overeenkomst
[u]	ขุ่นเคือง [kʰùn kʰɯːaŋ] – khùn kheuang	hoed, doe
[aa]	ราคา [ra: kʰa:] – raa–khaa	aan, maart
[oo]	ภูมิใจ [pʰu:m tɕaj] – phoom jai	fuut, uur
[ee]	บัญชี [ban tɕʰi:] – ban–chee	team, portier
[eu]	เดือน [dɯːan] – deuan	Lange [ə]
[er]	เงิน [ŋɤn] – ngern	deur
[ae]	แปล [plɛ:] – bplae	zwemmen, existeren
[ay]	เลข [lê:k] – lâyk	twee, ongeveer
[ai]	ไปป์ [paj] – bpai	byte, majoor
[oi]	โพย [pʰo:j] – phoi	Hanoi, cowboy
[ya]	สัญญา [sǎn ja:] – sǎn–yaa	signaal, Spanjaard
[oie]	อบเชย [ʔòp tɕʰɤ:j] – òp–choie	Combinatie [ə:i]
[ieo]	หน้าเชียว [nâ: si:aw] – nâa sieow	Kia Motors

Aan het begin van een lettergreep

[b]	บาง [ba:ŋ] – baang	hebben
[d]	สีแดง [sǐ: dɛ:ŋ] – sěe daeng	Dank u, honderd
[f]	มันฝรั่ง [man fà ràŋ] – man fà–ràng	feestdag, informeren
[h]	เฮลซิงกิ [he:n siŋ ki?] – hayn–sing–gì	het, herhalen
[y]	ยี่สิบ [jî: sìp] – yêe sip	New York, januari
[g]	กรง [kroŋ] – grorng	goal, tango
[kh]	เลขา [le: kʰǎ:] – lay–khǎa	deukhoed, Stockholm
[l]	เล็ก [lék] – lék	delen, luchter
[m]	เมลอน [me: lɔ:n] – may–lorn	morgen, etmaal
[n]	หนัง [nǎŋ] – nǎng	nemen, zonder
[ng]	เงือก [ŋɯ:ak] – ngêuak	optelling, jongeman
[bp]	เป็น [pen] – bpen	parallel, koper
[ph]	เผ่า [pʰàw] – phào	ophouden, ophangen
[r]	เบอร์รี่ [bɤ: rî:] – ber–rêe	roepen, breken
[s]	ซอน [sôn] – sôrn	spreken, kosten
[dt]	ดนตรี [don tri:] – don–dtree	tomaat, taart
[j]	ปั้นจั่น [pân tɕàn] – bpân jàn	ongeveer 'tjie'

T&P fonetisch alfabet	Thai voorbeeld	Nederlands voorbeeld
[ch]	วิชา [wí? tɕʰaː] – wí–chaa	aspiraat [tsch]
[th]	แถว [tʰɛːw] – thǎe	luchthaven, stadhuis
[w]	เคียว [kʰiːaw] – khieow	twee, willen

Aan het einde van een lettergreep

[k]	แม่เหล็ก [mɛː lèk] – mâe lèk	kennen, kleur
[m]	เพิ่ม [pʰɤːm] – phêrm	morgen, etmaal
[n]	เนียน [niːan] – nian	nemen, zonder
[ng]	เป็นห่วง [pen hùːaŋ] – bpen hùang	optelling, jongeman
[p]	ไม่ขยับ [mâj kʰà ja p] – mâi khà–yàp	parallel, koper
[t]	ลูกเป็ด [lûːk pèt] – lôok bpèt	tomaat, taart

Opmerkingen

Midden Toon - [ă] การคูณ [gaan khon]
Laag Toon - [à] แจกจ่าย [jàek jàai]
Dalend Toon - [â] ยุดมุ [dtâem]
Hoog Toon - [á] แซ็กโซโฟน [sáek-soh-fohn]
Stijgend Toon - [ǎ] เนินเขา [nern khǎo]

AFKORTINGEN
gebruikt in de woordenschat

Nederlandse afkortingen

abn	-	als bijvoeglijk naamwoord
bijv.	-	bijvoorbeeld
bn	-	bijvoeglijk naamwoord
bw	-	bijwoord
enk.	-	enkelvoud
enz.	-	enzovoort
form.	-	formele taal
inform.	-	informele taal
mann.	-	mannelijk
mil.	-	militair
mv.	-	meervoud
on.ww.	-	onovergankelijk werkwoord
ontelb.	-	ontelbaar
ov.	-	over
ov.ww.	-	overgankelijk werkwoord
telb.	-	telbaar
vn	-	voornaamwoord
vrouw.	-	vrouwelijk
vw	-	voegwoord
vz	-	voorzetsel
wisk.	-	wiskunde
ww	-	werkwoord

Nederlandse artikelen

de	-	gemeenschappelijk geslacht
de/het	-	gemeenschappelijk geslacht, onzijdig
het	-	onzijdig

BASISBEGRIPPEN

1. Voornaamwoorden

jij, je	คุณ	khun
hij	เขา	khǎo
zij, ze	เธอ	ther
het	มัน	man
wij, we	เรา	rao
jullie	คุณทั้งหลาย	khun tháng lǎai
U (form., enk.)	คุณ	khun
U (form., mv.)	คุณทั้งหลาย	khun tháng lǎai
zij, ze (mann.)	เขา	khǎo
zij, ze (vrouw.)	เธอ	ther

2. Begroetingen. Begroetingen

Hallo! Dag!	สวัสดี!	sà-wàt-dee
Hallo!	สวัสดี ครับ/ค่ะ!	sà-wàt-dee khráp/khâ
Goedemorgen!	อรุณสวัสดี!	a-run sà-wàt
Goedemiddag!	สวัสดีตอนบ่าย	sà-wàt-dee dtorn-bàai
Goedenavond!	สวัสดีตอนค่ำ	sà-wàt-dee dtorn-khâm
gedag zeggen (groeten)	ทักทาย	thák thaai
Hoi!	สวัสดี!	sà-wàt-dee
groeten (het)	คำทักทาย	kham thák thaai
verwelkomen (ww)	ทักทาย	thák thaai
Hoe gaat het met u?	คุณสบายดีไหม?	khun sà-baai dee mǎi
Hoe is het?	สบายดีไหม?	sà-baai dee mǎi
Is er nog nieuws?	มีอะไรใหม?	mee à-rai mài
Tot ziens! (form.)	ลาก่อน!	laa gòrn
Doei!	บาย!	baai
Tot snel! Tot ziens!	พบกันใหม่	phóp gan mài
Vaarwel! (inform.)	ลาก่อน!	laa gòrn
Vaarwel! (form.)	สวัสดี!	sà-wàt-dee
afscheid nemen (ww)	บอกลา	bòrk laa
Tot kijk!	ลาก่อน!	laa gòrn
Dank u!	ขอบคุณ!	khòrp khun
Dank u wel!	ขอบคุณมาก!	khòrp khun mâak
Graag gedaan	ยินดีช่วย	yin dee chûay
Geen dank!	ไม่เป็นไร	mâi bpen rai
Geen moeite.	ไม่เป็นไร	mâi bpen rai
Excuseer me, ... (inform.)	ขอโทษที!	khǒr thôht thee
Excuseer me, ... (form.)	ขอโทษ ครับ/ค่ะ!	khǒr thôht khráp / khâ

excuseren (verontschuldigen)	ให้อภัย	hâi a-phai
zich verontschuldigen	ขอโทษ	khǒr thôht
Mijn excuses.	ขอโทษ	khǒr thôht
Het spijt me!	ขอโทษ!	khǒr thôht
vergeven (ww)	อภัย	a-phai
Maakt niet uit!	ไม่เป็นไร!	mâi bpen rai
alsjeblieft	โปรด	bpròht

Vergeet het niet!	อย่าลืม!	yàa leum
Natuurlijk!	แน่นอน!	nâe norn
Natuurlijk niet!	ไม่ใช่แน่!	mâi châi nâe
Akkoord!	โอเค!	oh-khay
Zo is het genoeg!	พอแล้ว	phor láew

3. Vragen

Wie?	ใคร?	khrai
Wat?	อะไร?	a-rai
Waar?	ที่ไหน?	thêe nǎi
Waarheen?	ที่ไหน?	thêe nǎi
Waarvandaan?	จากที่ไหน?	jàak thêe nǎi
Wanneer?	เมื่อไหร่?	mêua rài
Waarom?	ทำไม?	tham-mai
Waarom?	ทำไม?	tham-mai

Waarvoor dan ook?	เพื่ออะไร?	phêua a-rai
Hoe?	อย่างไร?	yàang rai
Wat voor ...?	อะไร?	a-rai
Welk?	ไหน?	nǎi

Aan wie?	สำหรับใคร?	sǎm-ràp khrai
Over wie?	เกี่ยวกับใคร?	gìeow gàp khrai
Waarover?	เกี่ยวกับอะไร?	gìeow gàp a-rai
Met wie?	กับใคร?	gàp khrai

Hoeveel? (telb.)	กี่...?	gèe...?
Hoeveel? (ontelb.)	เท่าไหร่?	thâo rài
Van wie? (mann.)	ของใคร?	khǒrng khrai

4. Voorzetsels

met (bijv. ~ beleg)	กับ	gàp
zonder (~ accent)	ปราศจาก	bpràat-sà-jàak
naar (in de richting van)	ไปที่	bpai thêe
over (praten ~)	เกี่ยวกับ	gìeow gàp
voor (in tijd)	ก่อน	gòrn
voor (aan de voorkant)	หน้า	nâa

onder (lager dan)	ใต้	dtâi
boven (hoger dan)	เหนือ	něua
op (bovenop)	บน	bon
van (uit, afkomstig van)	จาก	jàak

van (gemaakt van)	ทำใช้	tham chái
over (bijv. ~ een uur)	ใน	nai
over (over de bovenkant)	ขาม	khâam

5. Functiewoorden. Bijwoorden. Deel 1

Waar?	ที่ไหน?	thêe năi
hier (bw)	ที่นี่	thêe nêe
daar (bw)	ที่นั่น	thêe nân
ergens (bw)	ที่ใดที่หนึ่ง	thêe dai thêe nèung
nergens (bw)	ไม่มีที่ไหน	mâi mee thêe năi
bij … (in de buurt)	ข้าง	khâang
bij het raam	ข้างหน้าต่าง	khâang nâa dtàang
Waarheen?	ที่ไหน?	thêe năi
hierheen (bw)	ที่นี่	thêe nêe
daarheen (bw)	ที่นั่น	thêe nân
hiervandaan (bw)	จากที่นี่	jàak thêe nêe
daarvandaan (bw)	จากที่นั่น	jàak thêe nân
dichtbij (bw)	ใกล้	glâi
ver (bw)	ไกล	glai
in de buurt (van …)	ใกล้	glâi
dichtbij (bw)	ใกล้ๆ	glâi glâi
niet ver (bw)	ไม่ไกล	mâi glai
linker (bn)	ซ้าย	sáai
links (bw)	ข้างซ้าย	khâang sáai
linksaf, naar links (bw)	ซ้าย	sáai
rechter (bn)	ขวา	khwăa
rechts (bw)	ข้างขวา	khâang kwăa
rechtsaf, naar rechts (bw)	ขวา	khwăa
vooraan (bw)	ข้างหน้า	khâang nâa
voorste (bn)	หน้า	nâa
vooruit (bw)	หน้า	nâa
achter (bw)	ข้างหลัง	khâang lăng
van achteren (bw)	จากข้างหลัง	jàak khâang lăng
achteruit (naar achteren)	หลัง	lăng
midden (het)	กลาง	glaang
in het midden (bw)	ตรงกลาง	dtrorng glaang
opzij (bw)	ข้าง	khâang
overal (bw)	ทุกที่	thúk thêe
omheen (bw)	รอบ	rôrp
binnenuit (bw)	จากข้างใน	jàak khâang nai
naar ergens (bw)	ที่ไหน	thêe năi

| rechtdoor (bw) | ตรงไป | dtrorng bpai |
| terug (bijv. ~ komen) | กลับ | glàp |

| ergens vandaan (bw) | จากที่ใด | jàak thêe dai |
| ergens vandaan (en dit geld moet ~ komen) | จากที่ใด | jàak thêe dai |

ten eerste (bw)	ข้อที่หนึ่ง	khôr thêe nèung
ten tweede (bw)	ขอที่สอง	khôr thêe sŏrng
ten derde (bw)	ขอที่สาม	khôr thêe săam

plotseling (bw)	ในทันที	nai than thee
in het begin (bw)	ตอนแรก	dtorn-râek
voor de eerste keer (bw)	เป็นครั้งแรก	bpen khráng râek
lang voor … (bw)	นานกอน	naan gòrn
opnieuw (bw)	ใหม	mài
voor eeuwig (bw)	ใหจบสิ้น	hâi jòp sîn

nooit (bw)	ไม่เคย	mâi khoie
weer (bw)	อีกครั้งหนึ่ง	èek khráng nèung
nu (bw)	ตอนนี้	dtorn-née
vaak (bw)	บอย	bòi
toen (bw)	เวลานั้น	way-laa nán
urgent (bw)	อยางเรงดวน	yàang râyng dùan
meestal (bw)	มักจะ	mák jà

trouwens, … (tussen haakjes)	อนึ่ง	à-nèung
mogelijk (bw)	เป็นไปได้	bpen bpai dâai
waarschijnlijk (bw)	อาจจะ	àat jà
misschien (bw)	อาจจะ	àat jà
trouwens (bw)	นอกจากนั้น...	nôrk jàak nán...
daarom …	นั้นเป็นเหตุผลที่...	nân bpen hàyt phŏn thée...
in weerwil van …	แมวา...	máe wâa...
dankzij …	เนื่องจาก...	nêuang jàak...

wat (vn)	อะไร	a-rai
dat (vw)	ที่	thêe
iets (vn)	อะไร	a-rai
iets	อะไรก็ตาม	a-rai gôr dtaam
niets (vn)	ไม่มีอะไร	mâi mee a-rai

wie (~ is daar?)	ใคร	khrai
iemand (een onbekende)	บางคน	baang khon
iemand (een bepaald persoon)	บางคน	baang khon

niemand (vn)	ไม่มีใคร	mâi mee khrai
nergens (bw)	ไม่ไปไหน	mâi bpai năi
niemands (bn)	ไม่เป็นของของใคร	mâi bpen khŏrng khŏrng khrai
iemands (bn)	ของคนหนึ่ง	khŏrng khon nèung

zo (Ik ben ~ blij)	มาก	mâak
ook (evenals)	ดวย	dûay
alsook (eveneens)	ดวย	dûay

6. Functiewoorden. Bijwoorden. Deel 2

Waarom?	ทำไม?	tham-mai
om een bepaalde reden	เพราะเหตุผลอะไร	phrór hàyt phŏn à-rai
omdat ...	เพราะว่า...	phrór wâa
voor een bepaald doel	ด้วยจุดประสงค์อะไร	dûay jùt bprà-sŏng a-rai

en (vw)	และ	láe
of (vw)	หรือ	rĕu
maar (vw)	แต่	dtàe
voor (vz)	สำหรับ	săm-ràp

te (~ veel mensen)	เกินไป	gern bpai
alleen (bw)	เท่านั้น	thâo nán
precies (bw)	ตรง	dtrorng
ongeveer (~ 10 kg)	ประมาณ	bprà-maan

omstreeks (bw)	ประมาณ	bprà-maan
bij benadering (bn)	ประมาณ	bprà-maan
bijna (bw)	เกือบ	gèuap
rest (de)	ที่เหลือ	thêe lĕua

de andere (tweede)	อีก	èek
ander (bn)	อื่น	èun
elk (bn)	ทุก	thúk
om het even welk	ใดๆ	dai dai
veel (telb.)	หลาย	lăai
veel (ontelb.)	มาก	mâak
veel mensen	หลายคน	lăai khon
iedereen (alle personen)	ทุกๆ	thúk thúk

in ruil voor ...	ที่จะเปลี่ยนเป็น	thêe jà bplìan bpen
in ruil (bw)	แทน	thaen
met de hand (bw)	ใช้มือ	chái meu
onwaarschijnlijk (bw)	แทบจะไม่	thâep jà mâi

waarschijnlijk (bw)	อาจจะ	àat jà
met opzet (bw)	โดยเจตนา	doi jàyt-dtà-naa
toevallig (bw)	บังเอิญ	bang-ern

zeer (bw)	มาก	mâak
bijvoorbeeld (bw)	ยกตัวอย่าง	yók dtua yàang
tussen (~ twee steden)	ระหว่าง	rá-wàang
tussen (te midden van)	ทามกลาง	tâam-glaang
zoveel (bw)	มากมาย	mâak maai
vooral (bw)	โดยเฉพาะ	doi chà-phór

GETALLEN. DIVERSEN

7. Kardinale getallen. Deel 1

nul	ศูนย์	sŏon
een	หนึ่ง	nèung
twee	สอง	sŏrng
drie	สาม	săam
vier	สี่	sèe
vijf	ห้า	hâa
zes	หก	hòk
zeven	เจ็ด	jèt
acht	แปด	bpàet
negen	เก้า	gâo
tien	สิบ	sìp
elf	สิบเอ็ด	sìp èt
twaalf	สิบสอง	sìp sŏrng
dertien	สิบสาม	sìp săam
veertien	สิบสี่	sìp sèe
vijftien	สิบห้า	sìp hâa
zestien	สิบหก	sìp hòk
zeventien	สิบเจ็ด	sìp jèt
achttien	สิบแปด	sìp bpàet
negentien	สิบเก้า	sìp gâo
twintig	ยี่สิบ	yêe sìp
eenentwintig	ยี่สิบเอ็ด	yêe sìp èt
tweeëntwintig	ยี่สิบสอง	yêe sìp sŏrng
drieëntwintig	ยี่สิบสาม	yêe sìp săam
dertig	สามสิบ	săam sìp
eenendertig	สามสิบเอ็ด	săam-sìp-èt
tweeëndertig	สามสิบสอง	săam-sìp-sŏrng
drieëndertig	สามสิบสาม	săam-sìp-săam
veertig	สี่สิบ	sèe sìp
eenenveertig	สี่สิบเอ็ด	sèe-sìp-èt
tweeënveertig	สี่สิบสอง	sèe-sìp-sŏrng
drieënveertig	สี่สิบสาม	sèe-sìp-săam
vijftig	ห้าสิบ	hâa sìp
eenenvijftig	ห้าสิบเอ็ด	hâa-sìp-èt
tweeënvijftig	ห้าสิบสอง	hâa-sìp-sŏrng
drieënvijftig	หาสิบสาม	hâa-sìp-săam
zestig	หกสิบ	hòk sìp
eenenzestig	หกสิบเอ็ด	hòk-sìp-èt

tweeënzestig	หกสิบสอง	hòk-sìp-sŏrng
drieënzestig	หกสิบสาม	hòk-sìp-săam
zeventig	เจ็ดสิบ	jèt sìp
eenenzeventig	เจ็ดสิบเอ็ด	jèt-sìp-èt
tweeënzeventig	เจ็ดสิบสอง	jèt-sìp-sŏrng
drieënzeventig	เจ็ดสิบสาม	jèt-sìp-săam
tachtig	แปดสิบ	bpàet sìp
eenentachtig	แปดสิบเอ็ด	bpàet-sìp-èt
tweeëntachtig	แปดสิบสอง	bpàet-sìp-sŏrng
drieëntachtig	แปดสิบสาม	bpàet-sìp-săam
negentig	เก้าสิบ	gâo sìp
eenennegentig	เก้าสิบเอ็ด	gâo-sìp-èt
tweeënnegentig	เก้าสิบสอง	gâo-sìp-sŏrng
drieënnegentig	เกาสิบสาม	gâo-sìp-săam

8. Kardinale getallen. Deel 2

honderd	หนึ่งร้อย	nèung rói
tweehonderd	สองร้อย	sŏrng rói
driehonderd	สามรอย	săam rói
vierhonderd	สี่รอย	sèe rói
vijfhonderd	หารอย	hâa rói
zeshonderd	หกรอย	hòk rói
zevenhonderd	เจ็ดรอย	jèt rói
achthonderd	แปดรอย	bpàet rói
negenhonderd	เการอย	gâo rói
duizend	หนึ่งพัน	nèung phan
tweeduizend	สองพัน	sŏrng phan
drieduizend	สามพัน	săam phan
tienduizend	หนึ่งหมื่น	nèung mèun
honderdduizend	หนึ่งแสน	nèung săen
miljoen (het)	ลาน	láan
miljard (het)	พันลาน	phan láan

9. Ordinale getallen

eerste (bn)	แรก	râek
tweede (bn)	ที่สอง	thêe sŏrng
derde (bn)	ที่สาม	thêe săam
vierde (bn)	ที่สี่	thêe sèe
vijfde (bn)	ที่หา	thêe hâa
zesde (bn)	ที่หก	thêe hòk
zevende (bn)	ที่เจ็ด	thêe jèt
achtste (bn)	ที่แปด	thêe bpàet
negende (bn)	ที่เกา	thêe gâo
tiende (bn)	ที่สิบ	thêe sìp

KLEUREN. MEETEENHEDEN

10. Kleuren

kleur (de)	สี	sĕe
tint (de)	สีอ่อน	sĕe òrn
kleurnuance (de)	สีสัน	sĕe săn
regenboog (de)	สายรุ้ง	săai rúng
wit (bn)	สีขาว	sĕe khăao
zwart (bn)	สีดำ	sĕe dam
grijs (bn)	สีเทา	sĕe thao
groen (bn)	สีเขียว	sĕe khĭeow
geel (bn)	สีเหลือง	sĕe lĕuang
rood (bn)	สีแดง	sĕe daeng
blauw (bn)	สีน้ำเงิน	sĕe nám ngern
lichtblauw (bn)	สีฟ้า	sĕe fáa
roze (bn)	สีชมพู	sĕe chom-poo
oranje (bn)	สีส้ม	sĕe sôm
violet (bn)	สีม่วง	sĕe mûang
bruin (bn)	สีน้ำตาล	sĕe nám dtaan
goud (bn)	สีทอง	sĕe thorng
zilverkleurig (bn)	สีเงิน	sĕe ngern
beige (bn)	สีน้ำตาลอ่อน	sĕe nám dtaan òrn
roomkleurig (bn)	สีครีม	sĕe khreem
turkoois (bn)	สีเขียวแกมน้ำเงิน	sĕe khĭeow gaem náam ngern
kersrood (bn)	สีแดงเชอร์รี่	sĕe daeng cher-rêe
lila (bn)	สีม่วงอ่อน	sĕe mûang-òrn
karmijnrood (bn)	สีแดงเข้ม	sĕe daeng khâym
licht (bn)	อ่อน	òrn
donker (bn)	แก่	gàe
fel (bn)	สด	sòt
kleur-, kleurig (bn)	สี	sĕe
kleuren- (abn)	สี	sĕe
zwart-wit (bn)	ขาวดำ	khăao-dam
eenkleurig (bn)	สีเดียว	sĕe dieow
veelkleurig (bn)	หลากสี	làak sĕe

11. Meeteenheden

gewicht (het)	น้ำหนัก	nám nàk
lengte (de)	ความยาว	khwaam yaao

breedte (de)	ความกว้าง	khwaam gwâang
hoogte (de)	ความสูง	khwaam sŏong
diepte (de)	ความลึก	khwaam léuk
volume (het)	ปริมาณ	bpà-rí-maan
oppervlakte (de)	บริเวณ	bor-rí-wayn
gram (het)	กรัม	gram
milligram (het)	มิลลิกรัม	min-lí gram
kilogram (het)	กิโลกรัม	gì-loh gram
ton (duizend kilo)	ตัน	dtan
pond (het)	ปอนด์	bporn
ons (het)	ออนซ์	orn
meter (de)	เมตร	máyt
millimeter (de)	มิลลิเมตร	min-lí mâyt
centimeter (de)	เซ็นติเมตร	sen dtì mâyt
kilometer (de)	กิโลเมตร	gì-loh máyt
mijl (de)	ไมล์	mai
duim (de)	นิ้ว	níw
voet (de)	ฟุต	fút
yard (de)	หลา	lăa
vierkante meter (de)	ตารางเมตร	dtaa-raang máyt
hectare (de)	เฮกตาร์	hêek dtaa
liter (de)	ลิตร	lít
graad (de)	องศา	ong-săa
volt (de)	โวลต์	wohn
ampère (de)	แอมแปร์	aem-bpae
paardenkracht (de)	แรงม้า	raeng máa
hoeveelheid (de)	จำนวน	jam-nuan
een beetje ...	นิดหน่อย	nít nói
helft (de)	ครึ่ง	khrêung
dozijn (het)	โหล	lŏh
stuk (het)	ส่วน	sùan
afmeting (de)	ขนาด	khà-nàat
schaal (bijv. ~ van 1 op 50)	มาตราส่วน	mâat-dtraa sùan
minimaal (bn)	น้อยที่สุด	nói thêe sùt
minste (bn)	เล็กที่สุด	lék thêe sùt
medium (bn)	กลาง	glaang
maximaal (bn)	สูงสุด	sŏong sùt
grootste (bn)	ใหญ่ที่สุด	yài têe sùt

12. Containers

glazen pot (de)	ขวดโหล	khùat lŏh
blik (conserven~)	กระป๋อง	grà-bpŏrng
emmer (de)	ถัง	thăng
ton (bijv. regenton)	ถัง	thăng
ronde waterbak (de)	กะทะ	gà-thá

tank (bijv. watertank-70-ltr)	ถังเก็บน้ำ	thăng gèp nám
heupfles (de)	กระติกน้ำ	grà-dtìk nám
jerrycan (de)	ภาชนะ	phaa-chá-ná
tank (bijv. ketelwagen)	ถังบรรจุ	thăng ban-jù
beker (de)	แก้ว	gâew
kopje (het)	ถ้วย	thûay
schoteltje (het)	จานรอง	jaan rorng
glas (het)	แก้ว	gâew
wijnglas (het)	แก้วไวน์	gâew wai
pan (de)	หม้อ	môr
fles (de)	ขวด	khùat
flessenhals (de)	ปาก	bpàak
karaf (de)	คนโท	khon-thoh
kruik (de)	เหยือก	yèuak
vat (het)	ภาชนะ	phaa-chá-ná
pot (de)	หม้อ	môr
vaas (de)	แจกัน	jae-gan
flacon (de)	กระติก	grà-dtìk
flesje (het)	ขวดเล็ก	khùat lék
tube (bijv. ~ tandpasta)	หลอด	lòrt
zak (bijv. ~ aardappelen)	ถุง	thŭng
tasje (het)	ถุง	thŭng
pakje (~ sigaretten, enz.)	ซอง	sorng
doos (de)	กล่อง	glòrng
kist (de)	ลัง	lang
mand (de)	ตะกร้า	dtà-grâa

BELANGRIJKSTE WERKWOORDEN

13. De belangrijkste werkwoorden. Deel 1

aanbevelen (ww)	แนะนำ	náe nam
aandringen (ww)	ยืนยัน	yeun yan
aankomen (per auto, enz.)	มา	maa
aanraken (ww)	แตะต้อง	dtàe dtôrng
adviseren (ww)	แนะนำ	náe nam
afdalen (on.ww.)	ลง	long
afslaan (naar rechts ~)	เลี้ยว	líeow
antwoorden (ww)	ตอบ	dtòrp
bang zijn (ww)	กลัว	glua
bedreigen	ขู่	khòo
(bijv. met een pistool)		
bedriegen (ww)	หลอก	lòrk
beëindigen (ww)	จบ	jòp
beginnen (ww)	เริ่ม	rêrm
begrijpen (ww)	เข้าใจ	khâo jai
beheren (managen)	บริหาร	bor-rí-hăan
beledigen	ดูถูก	doo thòok
(met scheldwoorden)		
beloven (ww)	สัญญา	săn-yaa
bereiden (koken)	ทำอาหาร	tham aa-hăan
bespreken (spreken over)	หารือ	hăa-reu
bestellen (eten ~)	สั่ง	sàng
bestraffen (een stout kind ~)	ลงโทษ	long thôht
betalen (ww)	จ่าย	jàai
betekenen (beduiden)	หมาย	măai
betreuren (ww)	เสียใจ	sĭa jai
bevallen (prettig vinden)	ชอบ	chôrp
bevelen (mil.)	สั่งการ	sàng gaan
bevrijden (stad, enz.)	ปลดปล่อย	bplòt bplòi
bewaren (ww)	รักษา	rák-săa
bezitten (ww)	เป็นเจ้าของ	bpen jâo khŏrng
bidden (praten met God)	ภาวนา	phaa-wá-naa
binnengaan (een kamer ~)	เข้า	khâo
breken (ww)	แตก	dtàek
controleren (ww)	ควบคุม	khûap khum
creëren (ww)	สร้าง	sâang
deelnemen (ww)	มีส่วนร่วม	mee sùan rûam
denken (ww)	คิด	khít
doden (ww)	ฆ่า	khâa

doen (ww)	ทำ	tham
dorst hebben (ww)	กระหายน้ำ	grà-hǎai náam

14. De belangrijkste werkwoorden. Deel 2

een hint geven	บอกใบ้	bòrk bâi
eisen (met klem vragen)	เรียกร้อง	rîak rórng
excuseren (vergeven)	ให้อภัย	hâi a-phai
existeren (bestaan)	มีอยู่	mee yòo
gaan (te voet)	ไป	bpai

gaan zitten (ww)	นั่ง	nâng
gaan zwemmen	ไปว่ายน้ำ	bpai wâai náam
geven (ww)	ให้	hâi
glimlachen (ww)	ยิ้ม	yím
goed raden (ww)	คาดเดา	khâat dao

grappen maken (ww)	ล้อเล่น	lór lên
graven (ww)	ขุด	khùt
hebben (ww)	มี	mee
helpen (ww)	ช่วย	chûay
herhalen (opnieuw zeggen)	ซ้ำ	sám
honger hebben (ww)	หิว	hǐw

hopen (ww)	หวัง	wǎng
horen (waarnemen met het oor)	ได้ยิน	dâai yin
huilen (wenen)	ร้องไห้	rórng hâi
huren (huis, kamer)	เช่า	châo
informeren (informatie geven)	แจ้ง	jâeng
instemmen (akkoord gaan)	เห็นด้วย	hěn dûay
jagen (ww)	ล่า	lâa
kennen (kennis hebben van iemand)	รู้จัก	róo jàk
kiezen (ww)	เลือก	lêuak
klagen (ww)	บ่น	bòn

kosten (ww)	ราคา	raa-khaa
kunnen (ww)	สามารถ	sǎa-mâat
lachen (ww)	หัวเราะ	hǔa rór
laten vallen (ww)	ทิ้งให้ตก	thíng hâi dtòk
lezen (ww)	อ่าน	àan

liefhebben (ww)	รัก	rák
lunchen (ww)	ทานอาหารเที่ยง	thaan aa-hǎan thîang
nemen (ww)	เอา	ao
nodig zijn (ww)	ต้องการ	dtôrng gaan

15. De belangrijkste werkwoorden. Deel 3

onderschatten (ww)	ดูถูก	doo thòok
ondertekenen (ww)	ลงนาม	long naam

ontbijten (ww)	ทานอาหารเช้า	thaan aa-hăan cháo
openen (ww)	เปิด	bpèrt
ophouden (ww)	หยุด	yùt
opmerken (zien)	สังเกต	săng-gàyt

opscheppen (ww)	โอ้อวด	ôh ùat
opschrijven (ww)	จด	jòt
plannen (ww)	วางแผน	waang phăen
prefereren (verkiezen)	ชอบ	chôrp
proberen (trachten)	พยายาม	phá-yaa-yaam
redden (ww)	กู้	gôo

rekenen op …	พึ่งพา	phêung phaa
rennen (ww)	วิ่ง	wîng
reserveren (een hotelkamer ~)	จอง	jorng
roepen (om hulp)	เรียก	rîak
schieten (ww)	ยิง	ying
schreeuwen (ww)	ตะโกน	dtà-gohn

schrijven (ww)	เขียน	khĭan
souperen (ww)	ทานอาหารเย็น	thaan aa-hăan yen
spelen (kinderen)	เล่น	lên
spreken (ww)	พูด	phôot
stelen (ww)	ขโมย	khà-moi
stoppen (pauzeren)	หยุด	yùt

studeren (Nederlands ~)	เรียน	rian
sturen (zenden)	ส่ง	sòng
tellen (optellen)	นับ	náp
toebehoren aan …	เป็นของของ...	bpen khŏrng khŏrng...
toestaan (ww)	อนุญาต	a-nú-yâat
tonen (ww)	แสดง	sà-daeng

twijfelen (onzeker zijn)	สงสัย	sŏng-săi
uitgaan (ww)	ออกไป	òrk bpai
uitnodigen (ww)	เชิญ	chern
uitspreken (ww)	ออกเสียง	òrk sĭang
uitvaren tegen (ww)	ดูดา	dù dàa

16. De belangrijkste werkwoorden. Deel 4

vallen (ww)	ตก	dtòk
vangen (ww)	จับ	jàp
veranderen (anders maken)	เปลี่ยน	bplìan
verbaasd zijn (ww)	ประหลาดใจ	bprà-làat jai
verbergen (ww)	ซ่อน	sôrn

verdedigen (je land ~)	ปกป้อง	bpòk bpôrng
verenigen (ww)	สมาน	sà-măan
vergelijken (ww)	เปรียบเทียบ	bprìap thîap
vergeten (ww)	ลืม	leum
vergeven (ww)	ให้อภัย	hâi a-phai
verklaren (uitleggen)	อธิบาย	à-thí-baai

verkopen (per stuk ~)	ขาย	khăai
vermelden (praten over)	กล่าวถึง	glàao thĕung
versieren (decoreren)	ประดับ	bprà-dàp
vertalen (ww)	แปล	bplae
vertrouwen (ww)	เชื่อ	chêua
vervolgen (ww)	ทำต่อไป	tham dtòr bpai
verwarren (met elkaar ~)	สับสน	sàp sŏn
verzoeken (ww)	ขอ	khŏr
verzuimen (school, enz.)	พลาด	phlâat
vinden (ww)	พบ	phóp
vliegen (ww)	บิน	bin
volgen (ww)	ไปตาม...	bpai dtaam...
voorstellen (ww)	เสนอ	sà-nĕr
voorzien (verwachten)	คาดหวัง	khâat wăng
vragen (ww)	ถาม	thăam
waarnemen (ww)	สังเกตการณ์	săng-gàyt gaan
waarschuwen (ww)	เตือน	dteuan
wachten (ww)	รอ	ror
weerspreken (ww)	คาน	kháan
weigeren (ww)	ปฏิเสธ	bpà-dtì-sàyt
werken (ww)	ทำงาน	tham ngaan
weten (ww)	รู้	róo
willen (verlangen)	ต้องการ	dtôrng gaan
zeggen (ww)	บอก	bòrk
zich haasten (ww)	รีบ	rêep
zich interesseren voor ...	สนใจใน	sŏn jai nai
zich vergissen (ww)	ทำผิด	tham phìt
zich verontschuldigen	ขอโทษ	khŏr thôht
zien (ww)	เห็น	hĕn
zijn (ww)	เป็น	bpen
zoeken (ww)	หา	hăa
zwemmen (ww)	ว่ายน้ำ	wâai náam
zwijgen (ww)	นิ่งเงียบ	nîng ngîap

TIJD. KALENDER

17. Dagen van de week

maandag (de)	วันจันทร์	wan jan
dinsdag (de)	วันอังคาร	wan ang-khaan
woensdag (de)	วันพุธ	wan phút
donderdag (de)	วันพฤหัสบดี	wan phá-réu-hàt-sà-bor-dee
vrijdag (de)	วันศุกร์	wan sùk
zaterdag (de)	วันเสาร์	wan săo
zondag (de)	วันอาทิตย์	wan aa-thít
vandaag (bw)	วันนี้	wan née
morgen (bw)	พรุ่งนี้	phrûng-née
overmorgen (bw)	วันมะรืนนี้	wan má-reun née
gisteren (bw)	เมื่อวานนี้	mêua waan née
eergisteren (bw)	เมื่อวานซืนนี้	mêua waan-seun née
dag (de)	วัน	wan
werkdag (de)	วันทำงาน	wan tham ngaan
feestdag (de)	วันนักขัตฤกษ์	wan nák-khàt-rêrk
verlofdag (de)	วันหยุด	wan yùt
weekend (het)	วันสุดสัปดาห์	wan sùt sàp-daa
de hele dag (bw)	ทั้งวัน	tháng wan
de volgende dag (bw)	วันรุ่งขึ้น	wan rûng khêun
twee dagen geleden	สองวันก่อน	sŏrng wan gòrn
aan de vooravond (bw)	วันก่อนหน้านี้	wan gòrn nâa née
dag-, dagelijks (bn)	รายวัน	raai wan
elke dag (bw)	ทุกวัน	thúk wan
week (de)	สัปดาห์	sàp-daa
vorige week (bw)	สัปดาห์ก่อน	sàp-daa gòrn
volgende week (bw)	สัปดาห์หน้า	sàp-daa nâa
wekelijks (bn)	รายสัปดาห์	raai sàp-daa
elke week (bw)	ทุกสัปดาห์	thúk sàp-daa
twee keer per week	สัปดาห์ละสองครั้ง	sàp-daa lá sŏrng khráng
elke dinsdag	ทุกวันอังคาร	túk wan ang-khaan

18. Uren. Dag en nacht

morgen (de)	เช้า	cháo
's morgens (bw)	ตอนเช้า	dtorn cháo
middag (de)	เที่ยงวัน	thîang wan
's middags (bw)	ตอนบ่าย	dtorn bàai
avond (de)	เย็น	yen
's avonds (bw)	ตอนเย็น	dtorn yen

nacht (de)	คืน	kheun
's nachts (bw)	กลางคืน	glaang kheun
middernacht (de)	เที่ยงคืน	thîang kheun

seconde (de)	วินาที	wí-naa-thee
minuut (de)	นาที	naa-thee
uur (het)	ชั่วโมง	chûa mohng
halfuur (het)	ครึ่งชั่วโมง	khrêung chûa mohng
kwartier (het)	สิบห้านาที	sìp hâa naa-thee
vijftien minuten	สิบห้านาที	sìp hâa naa-thee
etmaal (het)	24 ชั่วโมง	yêe sìp sèe · chûa mohng

zonsopgang (de)	พระอาทิตย์ขึ้น	phrá aa-thít khêun
dageraad (de)	ใกล้รุ่ง	glâi rûng
vroege morgen (de)	เช้า	cháo
zonsondergang (de)	พระอาทิตย์ตก	phrá aa-thít dtòk

's morgens vroeg (bw)	ตอนเช้า	dtorn cháo
vanmorgen (bw)	เช้านี้	cháo née
morgenochtend (bw)	พรุ่งนี้เช้า	phrûng-née cháo

vanmiddag (bw)	บ่ายนี้	bàai née
's middags (bw)	ตอนบ่าย	dtorn bàai
morgenmiddag (bw)	พรุ่งนี้บ่าย	phrûng-née bàai

| vanavond (bw) | คืนนี้ | kheun née |
| morgenavond (bw) | คืนพรุ่งนี้ | kheun phrûng-née |

klokslag drie uur	3 โมงตรง	sǎam mohng dtrorng
ongeveer vier uur	ประมาณ 4 โมง	bprà-maan sèe mohng
tegen twaalf uur	ภายใน 12 โมง	phaai nai sìp sǒng mohng

over twintig minuten	อีก 20 นาที	èek yêe sìp naa-thee
over een uur	อีกหนึ่งชั่วโมง	èek nèung chûa mohng
op tijd (bw)	ทันเวลา	than way-laa

kwart voor ...	อีกสิบห้านาที	èek sìp hâa naa-thee
binnen een uur	ภายในหนึ่งชั่วโมง	phaai nai nèung chûa mohng
elk kwartier	ทุก 15 นาที	thúk sìp hâa naa-thee
de klok rond	ทั้งวัน	tháng wan

19. Maanden. Seizoenen

januari (de)	มกราคม	mók-gà-raa khom
februari (de)	กุมภาพันธ์	gum-phaa phan
maart (de)	มีนาคม	mee-naa khom
april (de)	เมษายน	may-sǎa-yon
mei (de)	พฤษภาคม	phréut-sà-phaa khom
juni (de)	มิถุนายน	mí-thù-naa-yon

juli (de)	กรกฎาคม	gà-rá-gà-daa-khom
augustus (de)	สิงหาคม	sǐng hǎa khom
september (de)	กันยายน	gan-yaa-yon
oktober (de)	ตุลาคม	dtù-laa khom

november (de)	พฤศจิกายน	phréut-sà-jì-gaa-yon
december (de)	ธันวาคม	than-waa khom
lente (de)	ฤดูใบไม้ผลิ	réu-doo bai máai phlì
in de lente (bw)	ฤดูใบไม้ผลิ	réu-doo bai máai phlì
lente- (abn)	ฤดูใบไมผลิ	réu-doo bai máai phlì
zomer (de)	ฤดูร้อน	réu-doo rórn
in de zomer (bw)	ฤดูร้อน	réu-doo rórn
zomer-, zomers (bn)	ฤดูรอน	réu-doo rórn
herfst (de)	ฤดูใบไม้ร่วง	réu-doo bai máai rûang
in de herfst (bw)	ฤดูใบไม้ร่วง	réu-doo bai máai rûang
herfst- (abn)	ฤดูใบไมรวง	réu-doo bai máai rûang
winter (de)	ฤดูหนาว	réu-doo nǎao
in de winter (bw)	ฤดูหนาว	réu-doo nǎao
winter- (abn)	ฤดูหนาว	réu-doo nǎao
maand (de)	เดือน	deuan
deze maand (bw)	เดือนนี้	deuan née
volgende maand (bw)	เดือนหน้า	deuan nâa
vorige maand (bw)	เดือนที่แลว	deuan thêe láew
een maand geleden (bw)	หนึ่งเดือนก่อนหน้านี้	nèung deuan gòrn nâa née
over een maand (bw)	อีกหนึ่งเดือน	èek nèung deuan
over twee maanden (bw)	อีกสองเดือน	èek sǒrng deuan
de hele maand (bw)	ทั้งเดือน	tháng deuan
een volle maand (bw)	ตลอดทั้งเดือน	dtà-lòrt tháng deuan
maand-, maandelijks (bn)	รายเดือน	raai deuan
maandelijks (bw)	ทุกเดือน	thúk deuan
elke maand (bw)	ทุกเดือน	thúk deuan
twee keer per maand	เดือนละสองครั้ง	deuan lá sǒrng kráng
jaar (het)	ปี	bpee
dit jaar (bw)	ปีนี้	bpee née
volgend jaar (bw)	ปีหน้า	bpee nâa
vorig jaar (bw)	ปีที่แลว	bpee thêe láew
een jaar geleden (bw)	หนึ่งปีก่อน	nèung bpee gòrn
over een jaar	อีกหนึ่งปี	èek nèung bpee
over twee jaar	อีกสองปี	èek sǒng bpee
het hele jaar	ทั้งปี	tháng bpee
een vol jaar	ตลอดทั้งปี	dtà-lòrt tháng bpee
elk jaar	ทุกปี	thúk bpee
jaar-, jaarlijks (bn)	รายปี	raai bpee
jaarlijks (bw)	ทุกปี	thúk bpee
4 keer per jaar	ปีละสี่ครั้ง	bpee lá sèe kráng
datum (de)	วันที่	wan thêe
datum (de)	วันเดือนปี	wan deuan bpee
kalender (de)	ปฏิทิน	bpà-dtì-thin
een half jaar	ครึ่งปี	khrêung bpee
zes maanden	หกเดือน	hòk deuan

| seizoen (bijv. lente, zomer) | ฤดูกาล | réu-doo gaan |
| eeuw (de) | ศตวรรษ | sà-dtà-wát |

REIZEN. HOTEL

20. Trip. Reizen

toerisme (het)	การท่องเที่ยว	gaan thôrng thîeow
toerist (de)	นักท่องเที่ยว	nák thôrng thîeow
reis (de)	การเดินทาง	gaan dern thaang
avontuur (het)	การผจญภัย	gaan phà-jon phai
tocht (de)	การเดินทาง	gaan dern thaang
vakantie (de)	วันหยุดพักผ่อน	wan yùt phák phòrn
met vakantie zijn	หยุดพักผอน	yùt phák phòrn
rust (de)	การพัก	gaan phák
trein (de)	รถไฟ	rót fai
met de trein	โดยรถไฟ	doi rót fai
vliegtuig (het)	เครื่องบิน	khrêuang bin
met het vliegtuig	โดยเครื่องบิน	doi khrêuang bin
met de auto	โดยรถยนต์	doi rót-yon
per schip (bw)	โดยเรือ	doi reua
bagage (de)	สัมภาระ	săm-phaa-rá
valies (de)	กระเป๋าเดินทาง	grà-bpăo dern-thaang
bagagekarretje (het)	รถขนสัมภาระ	rót khŏn săm-phaa-rá
paspoort (het)	หนังสือเดินทาง	năng-sĕu dern-thaang
visum (het)	วีซา	wee-sâa
kaartje (het)	ตั๋ว	dtŭa
vliegticket (het)	ตั๋วเครื่องบิน	dtŭa khrêuang bin
reisgids (de)	หนังสือแนะนำ	năng-sĕu náe nam
kaart (de)	แผนที่	phăen thêe
gebied (landelijk ~)	เขต	khàyt
plaats (de)	สถานที่	sà-thăan thêe
exotische bestemming (de)	สิ่งแปลกใหม่	sìng bplàek mài
exotisch (bn)	ต่างแดน	dtàang daen
verwonderlijk (bn)	นาประหลาดใจ	nâa bprà-làat jai
groep (de)	กลุ่ม	glùm
rondleiding (de)	การเดินทาง ท่องเที่ยว	gaan dern taang thôrng thîeow
gids (de)	มัคคุเทศก์	mák-khú-thâyt

21. Hotel

motel (het)	โรงแรม	rohng raem
3-sterren	สามดาว	săam daao

5-sterren	ห้าดาว	hâa daao
overnachten (ww)	พัก	phák
kamer (de)	ห้อง	hôrng
eenpersoonskamer (de)	ห้องเดี่ยว	hôrng dìeow
tweepersoonskamer (de)	หองคู	hôrng khôo
een kamer reserveren	จองหอง	jorng hôrng
halfpension (het)	พักครึ่งวัน	phák khrêung wan
volpension (het)	พักเต็มวัน	phák dtem wan
met badkamer	มีห้องอาบน้ำ	mee hôrng àap náam
met douche	มีฝักบัว	mee fàk bua
satelliet-tv (de)	โทรทัศน์ดาวเทียม	thoh-rá-thát daao thiam
airconditioner (de)	เครื่องปรับอากาศ	khrêuang bpràp-aa-gàat
handdoek (de)	ผาเช็ดตัว	phâa chét dtua
sleutel (de)	กุญแจ	gun-jae
administrateur (de)	นักบุริหาร	nák bor-rí-hǎan
kamermeisje (het)	แมบาน	mâe bâan
piccolo (de)	พนักงาน,	phá-nák ngaan
	ขนกระเป๋า	khǒn grà-bpǎo
portier (de)	พนักงาน	phá-nák ngaan
	เปิดประตู	bpèrt bprà-dtoo
restaurant (het)	ร้านอาหาร	ráan aa-hǎan
bar (de)	บาร	baa
ontbijt (het)	อาหารเช้า	aa-hǎan cháo
avondeten (het)	อาหารเย็น	aa-hǎan yen
buffet (het)	บุฟเฟต	bùf-fây
hal (de)	ล็อบบี้	lórp-bêe
lift (de)	ลิฟต	líf
NIET STOREN	ห้ามรบกวน	hâam róp guan
VERBODEN TE ROKEN!	หามสูบบุหรี่	hâam sòop bù rèe

22. Bezienswaardigheden

monument (het)	อนุสาวรีย์	a-nú-sǎa-wá-ree
vesting (de)	ปอม	bpôrm
paleis (het)	วัง	wang
kasteel (het)	ปราสาท	bpraa-sàat
toren (de)	หอ	hǒr
mausoleum (het)	สุสาน	sù-sǎan
architectuur (de)	สถาปัตยกรรม	sà-thǎa-bpàt-dtà-yá-gam
middeleeuws (bn)	ยุคกลาง	yúk glaang
oud (bn)	โบราณ	boh-raan
nationaal (bn)	แหงชาติ	hàeng châat
bekend (bn)	ที่มีชื่อเสียง	thêe mee chêu-sǐang
toerist (de)	นักท่องเที่ยว	nák thôrng thîeow
gids (de)	มัคคุเทศก	mák-khú-thâyt

rondleiding (de)	ทัศนศึกษา	thát-sà-ná-sèuk-săa
tonen (ww)	แสดง	sà-daeng
vertellen (ww)	เลา	lâo
vinden (ww)	หาพบ	hăa phóp
verdwalen (de weg kwijt zijn)	หลงทาง	lŏng thaang
plattegrond (~ van de metro)	แผนที่	phăen thêe
plattegrond (~ van de stad)	แผนที่	phăen thêe
souvenir (het)	ของที่ระลึก	khŏrng thêe rá-léuk
souvenirwinkel (de)	รานขาย	ráan khăai
	ของที่ระลึก	khŏrng thêe rá-léuk
foto's maken	ถายภาพ	thàai phâap
zich laten fotograferen	ไดรับการ ๏	dâai ráp gaan
	ถายภาพให	thàai phâap hâi

VERVOER

23. Vliegveld

luchthaven (de)	สนามบิน	sà-năam bin
vliegtuig (het)	เครื่องบิน	khrêuang bin
luchtvaartmaatschappij (de)	สายการบิน	săai gaan bin
luchtverkeersleider (de)	เจ้าหน้าที่ควบคุม	jâo nâa-thêe khûap khum
	จราจรทางอากาศ	jà-raa-jon thaang aa-gàat
vertrek (het)	การออกเดินทาง	gaan òrk dern thaang
aankomst (de)	การมาถึง	gaan maa thěung
aankomen (per vliegtuig)	มาถึง	maa thěung
vertrektijd (de)	เวลาขาไป	way-laa khăa bpai
aankomstuur (het)	เวลามาถึง	way-laa maa thěung
vertraagd zijn (ww)	ถูกเลื่อน	thòok lêuan
vluchtvertraging (de)	เลื่อนเที่ยวบิน	lêuan thieow bin
informatiebord (het)	กระดานแสดง	grà daan sà-daeng
	ข้อมูล	khôr moon
informatie (de)	ข้อมูล	khôr moon
aankondigen (ww)	ประกาศ	bprà-gàat
vlucht (bijv. KLM ~)	เที่ยวบิน	thîeow bin
douane (de)	ศุลกากร	sŭn-lá-gaa-gon
douanier (de)	เจ้าหน้าที่ศุลกากร	jâo nâa-thêe sŭn-lá-gaa-gon
douaneaangifte (de)	แบบฟอร์มการเสีย	bàep form gaan sĭa
	ภาษีศุลกากร	phaa-sĕe sŭn-lá-gaa-gon
invullen (douaneaangifte ~)	กรอก	gròrk
een douaneaangifte invullen	กรอกแบบฟอร์ม	gròrk bàep form
	การเสียภาษี	gaan sĭa paa-sĕe
paspoortcontrole (de)	จุดตรวจหนังสือ	jùt dtrùat năng-sěu
	เดินทาง	dern-thaang
bagage (de)	สัมภาระ	săm-phaa-rá
handbagage (de)	กระเป๋าถือ	grà-bpăo thěu
bagagekarretje (het)	รถขนสัมภาระ	rót khŏn săm-phaa-rá
landing (de)	การลงจอด	gaan long jòrt
landingsbaan (de)	ลานบินลงจอด	laan bin long jòrt
landen (ww)	ลงจอด	long jòrt
vliegtuigtrap (de)	ทางขึ้นลง	thaang khêun long
	เครื่องบิน	khrêuang bin
inchecken (het)	การเช็คอิน	gaan chék in
incheckbalie (de)	เคาน์เตอร์เช็คอิน	khao-dtêr chék in
inchecken (ww)	เช็คอิน	chék in

instapkaart (de)	บัตรที่นั่ง	bàt thêe nâng
gate (de)	ชองเขา	chôrng khâo
transit (de)	การต่อเที่ยวบิน	gaan tòr thîeow bin
wachten (ww)	รอ	ror
wachtzaal (de)	ห้องผู้โดยสารขาออก	hôrng phôo doi sǎan khǎa òk
begeleiden (uitwuiven)	ไปสง	bpai sòng
afscheid nemen (ww)	บอกลา	bòrk laa

24. Vliegtuig

vliegtuig (het)	เครื่องบิน	khrêuang bin
vliegticket (het)	ตั๋วเครื่องบิน	dtǔa khrêuang bin
luchtvaartmaatschappij (de)	สายการบิน	sǎai gaan bin
luchthaven (de)	สนามบิน	sà-nǎam bin
supersonisch (bn)	ความเร็วเหนือเสียง	khwaam reo nĕua-sĭang
gezagvoerder (de)	กัปตัน	gàp dtan
bemanning (de)	ลูกเรือ	lôok reua
piloot (de)	นักบิน	nák bin
stewardess (de)	พนักงนต้อนรับ บนเครื่องบิน	phá-nák ngaan dtôrn ráp bon khrêuang bin
stuurman (de)	ต้นหน	dtôn hǒn
vleugels (mv.)	ปีก	bpèek
staart (de)	หาง	hǎang
cabine (de)	ห้องนักบิน	hôrng nák bin
motor (de)	เครื่องยนต์	khrêuang yon
landingsgestel (het)	โครงสวนลาง ของเครื่องบิน	khrorng sùan lâang khǒrng khrêuang bin
turbine (de)	กังหัน	gang-hǎn
propeller (de)	ใบพัด	bai phát
zwarte doos (de)	กลองดำ	glòrng dam
stuur (het)	คันบังคับ	khan bang-kháp
brandstof (de)	เชื้อเพลิง	chéua phlerng
veiligheidskaart (de)	คู่มือความปลอดภัย	khôo meu khwaam bplòt phai
zuurstofmasker (het)	หน้ากากอ็อกซิเจน	nâa gàak ók sí jayn
uniform (het)	เครื่องแบบ	khrêuang bàep
reddingsvest (de)	เสื้อชูชีพ	sêua choo chêep
parachute (de)	รมชูชีพ	rôm choo chêep
opstijgen (het)	การบินขึ้น	gaan bin khêun
opstijgen (ww)	บินขึ้น	bin khêun
startbaan (de)	ทางวิ่งเครื่องบิน	thaang wîng khrêuang bin
zicht (het)	ทัศนวิสัย	thát sá ná wí-sǎi
vlucht (de)	การบิน	gaan bin
hoogte (de)	ความสูง	khwaam sǒong
luchtzak (de)	หลุมอากาศ	lǔm aa-gàat
plaats (de)	ที่นั่ง	thêe nâng
koptelefoon (de)	หูฟัง	hǒo fang

tafeltje (het)	ถาดพับเก็บได้	thàat pháp gèp dâai
venster (het)	หน้าต่างเครื่องบิน	nâa dtàang khrêuang bin
gangpad (het)	ทางเดิน	thaang dern

25. Trein

trein (de)	รถไฟ	rót fai
elektrische trein (de)	รถไฟชานเมือง	rót fai chaan meuang
sneltrein (de)	รถไฟด่วน	rót fai dùan
diesellocomotief (de)	รถจักรดีเซล	rót jàk dee-sayn
stoomlocomotief (de)	รถจักรไอน้ำ	rót jàk ai náam
rijtuig (het)	ตู้โดยสาร	dtôo doi săan
restauratierijtuig (het)	ตู้เสบียง	dtôo sà-biang
rails (mv.)	รางรถไฟ	raang rót fai
spoorweg (de)	ทางรถไฟ	thaang rót fai
dwarsligger (de)	หมอนรองราง	mŏrn rorng raang
perron (het)	ชานชลา	chaan-chá-laa
spoor (het)	ราง	raang
semafoor (de)	ไฟสัญญาณรถไฟ	fai săn-yaan rót fai
halte (bijv. kleine treinhalte)	สถานี	sà-thăa-nee
machinist (de)	คนขับรถไฟ	khon khàp rót fai
kruier (de)	พนักงานยกกระเป๋า	phá-nák ngaan yók grà-bpăo
conducteur (de)	พนักงานรถไฟ	phá-nák ngaan rót fai
passagier (de)	ผู้โดยสาร	phôo doi săan
controleur (de)	พนักงานตรวจตั๋ว	phá-nák ngaan dtrùat dtŭa
gang (in een trein)	ทางเดิน	thaang dern
noodrem (de)	เบรคฉุกเฉิน	bràyk chùk-chĕrn
coupé (de)	ตู้นอน	dtôo norn
bed (slaapplaats)	เตียง	dtiang
bovenste bed (het)	เตียงบน	dtiang bon
onderste bed (het)	เตียงล่าง	dtiang lâang
beddengoed (het)	ชุดเครื่องนอน	chút khrêuang norn
kaartje (het)	ตั๋ว	dtŭa
dienstregeling (de)	ตารางเวลา	dtaa-raang way-laa
informatiebord (het)	กระดานแสดง ข้อมูล	grà daan sà-daeng khôr moon
vertrekken (De trein vertrekt ...)	ออกเดินทาง	òrk dern thaang
vertrek (ov. een trein)	การออกเดินทาง	gaan òrk dern thaang
aankomen (ov. de treinen)	มาถึง	maa thĕung
aankomst (de)	การมาถึง	gaan maa thĕung
aankomen per trein	มาถึงโดยรถไฟ	maa thĕung doi rót fai
in de trein stappen	ขึ้นรถไฟ	khêun rót fai
uit de trein stappen	ลงจากรถไฟ	long jàak rót fai
treinwrak (het)	รถไฟตกราง	rót fai dtòk raang

ontspoord zijn	ตกราง	dtòk raang
stoomlocomotief (de)	หัวรถจักรไอน้ำ	hŭa rót jàk ai náam
stoker (de)	คนควบคุมเตาไฟ	khon khûap khum dtao fai
stookplaats (de)	เตาไฟ	dtao fai
steenkool (de)	ถ่านหิน	thàan hĭn

26. Schip

schip (het)	เรือ	reua
vaartuig (het)	เรือ	reua
stoomboot (de)	เรือจักรไอน้ำ	reua jàk ai náam
motorschip (het)	เรือลองแม่น้ำ	reua lông mâe náam
lijnschip (het)	เรือเดินสมุทร	reua dern sà-mùt
kruiser (de)	เรือลาดตระเวน	reua lâat dtrà-wayn
jacht (het)	เรือยอชต์	reua yôt
sleepboot (de)	เรือลากจูง	reua lâak joong
duwbak (de)	เรือบรรทุก	reua ban-thúk
ferryboot (de)	เรือข้ามฟาก	reua khâam fâak
zeilboot (de)	เรือใบ	reua bai
brigantijn (de)	เรือใบสองเสากระโดง	reua bai sŏrng săo grà-dohng
ijsbreker (de)	เรือตัดน้ำแข็ง	reua dtàt náam khăeng
duikboot (de)	เรือดำน้ำ	reua dam náam
boot (de)	เรือพาย	reua phaai
sloep (de)	เรือบดเล็ก	reua bòt lék
reddingssloep (de)	เรือชูชีพ	reua choo chêep
motorboot (de)	เรือยนต์	reua yon
kapitein (de)	กัปตัน	gàp dtan
zeeman (de)	นาวิน	naa-win
matroos (de)	คนเรือ	khon reua
bemanning (de)	กะลาสี	gà-laa-sĕe
bootsman (de)	สรั่ง	sà-ràng
scheepsjongen (de)	คนช่วยงานในเรือ	khon chûay ngaan nai reua
kok (de)	กุก	gúk
scheepsarts (de)	แพทย์เรือ	phâet reua
dek (het)	ดาดฟ้าเรือ	dàat-fáa reua
mast (de)	เสากระโดงเรือ	săo grà-dohng reua
zeil (het)	ใบเรือ	bai reua
ruim (het)	ท้องเรือ	thórng-reua
voorsteven (de)	หัวเรือ	hŭa-reua
achtersteven (de)	ท้วยเรือ	tháai reua
roeispaan (de)	ไม้พาย	máai phaai
schroef (de)	ใบจักร	bai jàk
kajuit (de)	ห้องพัก	hôrng phák
officierskamer (de)	หองอาหาร	hôrng aa-hăan

machinekamer (de)	ห้องเครื่องยนต์	hôrng khrêuang yon
brug (de)	สะพานเดินเรือ	sà-phaan dern reua
radiokamer (de)	ห้องวิทยุ	hôrng wít-thá-yú
radiogolf (de)	คลื่นความถี่	khlêun khwaam thèe
logboek (het)	สมุดบันทึก	sà-mùt ban-théuk
verrekijker (de)	กล้องส่องทางไกล	glôrng sòrng thaang glai
klok (de)	ระฆัง	rá-khang
vlag (de)	ธง	thorng
kabel (de)	เชือก	chêuak
knoop (de)	ปม	bpom
leuning (de)	ราว	raao
trap (de)	ไม้พาดให้	mái phâat hâi
	ขึ้นลงเรือ	khêun long reua
anker (het)	สมอ	sà-mŏr
het anker lichten	ถอนสมอ	thŏrn sà-mŏr
het anker neerlaten	ทอดสมอ	thôrt sà-mŏr
ankerketting (de)	โซ่สมอเรือ	sôh sà-mŏr reua
haven (bijv. containerhaven)	ท่าเรือ	thâa reua
kaai (de)	ทา	thâa
aanleggen (ww)	จอดเทียบท่า	jòt thîap tâa
wegvaren (ww)	ออกจากทา	òrk jàak tâa
reis (de)	การเดินทาง	gaan dern thaang
cruise (de)	กูวลองเรือ	gaan lôrng reua
koers (de)	เส้นทาง	sên thaang
route (de)	เสนทาง	sên thaang
vaarwater (het)	ร่องเรือเดิน	rông reua dern
zandbank (de)	โขด	khòht
stranden (ww)	เกยตื้น	goie dtêun
storm (de)	พายุ	phaa-yú
signaal (het)	สัญญาณ	săn-yaan
zinken (ov. een boot)	ลม	lôm
Man overboord!	คนตกเรือ!	kon dtòk reua
SOS (noodsignaal)	SOS	es-o-es
reddingsboei (de)	หวงยาง	hùang yaang

STAD

27. Stedelijk vervoer

bus, autobus (de)	รถเมล์	rót may
tram (de)	รถราง	rót raang
trolleybus (de)	รถโดยสารประจำ ทางไฟฟ้า	rót doi săan bprà-jam thaang fai fáa
route (de)	เส้นทาง	sên thaang
nummer (busnummer, enz.)	หมายเลข	măai lâyk
rijden met ...	ไปด้วย	bpai dûay
stappen (in de bus ~)	ขึ้น	khêun
afstappen (ww)	ลง	long
halte (de)	ป้าย	bpâai
volgende halte (de)	ป้ายถัดไป	bpâai thàt bpai
eindpunt (het)	ป้ายสุดท้าย	bpâai sùt tháai
dienstregeling (de)	ตารางเวลา	dtaa-raang way-laa
wachten (ww)	รอ	ror
kaartje (het)	ตั๋ว	dtŭa
reiskosten (de)	ค่าตั๋ว	khâa dtŭa
kassier (de)	คนขายตั๋ว	khon khăai dtŭa
kaartcontrole (de)	การตรวจตั๋ว	gaan dtrùat dtŭa
controleur (de)	พนักงานตรวจตั๋ว	phá-nák ngaan dtrùat dtŭa
te laat zijn (ww)	ไปสาย	bpai săai
missen (de bus ~)	พลาด	phlâat
zich haasten (ww)	รีบเร่ง	rêep râyng
taxi (de)	แท็กซี่	tháek-sêe
taxichauffeur (de)	คนขับแท็กซี่	khon khàp tháek-sêe
met de taxi (bw)	โดยแท็กซี่	doi tháek-sêe
taxistandplaats (de)	ป้ายจอดแท็กซี่	bpâai jòrt tháek sêe
een taxi bestellen	เรียกแท็กซี่	rîak tháek sêe
een taxi nemen	ขึ้นรถแท็กซี่	khêun rót tháek-sêe
verkeer (het)	การจราจร	gaan jà-raa-jon
file (de)	การจราจรติดขัด	gaan jà-raa-jon dtìt khàt
spitsuur (het)	ชั่วโมงเร่งด่วน	chûa mohng râyng dùan
parkeren (on.ww.)	จอด	jòrt
parkeren (ov.ww.)	จอด	jòrt
parking (de)	ลานจอดรถ	laan jòrt rót
metro (de)	รถไฟใต้ดิน	rót fai dtâi din
halte (bijv. kleine treinhalte)	สถานี	sà-thăa-nee
de metro nemen	ขึ้นรถไฟใต้ดิน	khêun rót fai dtâi din
trein (de)	รถไฟ	rót fai
station (treinstation)	สถานีรถไฟ	sà-thăa-nee rót fai

28. Stad. Het leven in de stad

stad (de)	เมือง	meuang
hoofdstad (de)	เมืองหลวง	meuang lŭang
dorp (het)	หมู่บ้าน	mòo bâan
plattegrond (de)	แผนที่เมือง	phăen thêe meuang
centrum (ov. een stad)	ใจกลางเมือง	jai glaang-meuang
voorstad (de)	ชานเมือง	chaan meuang
voorstads- (abn)	ชานเมือง	chaan meuang
randgemeente (de)	รอบนอกเมือง	rôrp nôrk meuang
omgeving (de)	เขตรอบเมือง	khàyt rôrp-meuang
blok (huizenblok)	บล็อกผังเมือง	blòrk phăng meuang
woonwijk (de)	บล็อกที่อยู่อาศัย	blòrk thêe yòo aa-săi
verkeer (het)	การจราจร	gaan jà-raa-jon
verkeerslicht (het)	ไฟจราจร	fai jà-raa-jon
openbaar vervoer (het)	ขนส่งมวลชน	khŏn sòng muan chon
kruispunt (het)	สี่แยก	sèe yâek
zebrapad (oversteekplaats)	ทางม้าลาย	thaang máa laai
onderdoorgang (de)	อุโมงค์คนเดิน	u-mohng kon dern
oversteken (de straat ~)	ข้าม	khâam
voetganger (de)	คนเดินเท้า	khon dern tháo
trottoir (het)	ทางเท้า	thaang tháo
brug (de)	สะพาน	sà-phaan
dijk (de)	ทางเลียบแม่น้ำ	thaang lîap mâe náam
fontein (de)	น้ำพุ	nám phú
allee (de)	ทางเลียบสวน	thaang lîap sŭan
park (het)	สวน	sŭan
boulevard (de)	ถนนกว้าง	thà-nŏn gwâang
plein (het)	จัตุรัส	jàt-dtù-ràt
laan (de)	ถนนใหญ่	thà-nŏn yài
straat (de)	ถนน	thà-nŏn
zijstraat (de)	ซอย	soi
doodlopende straat (de)	ทางตัน	thaang dtan
huis (het)	บ้าน	bâan
gebouw (het)	อาคาร	aa-khaan
wolkenkrabber (de)	ตึกระฟ้า	dtèuk rá-fáa
gevel (de)	ด้านหน้าอาคาร	dâan-nâa aa-khaan
dak (het)	หลังคา	lăng khaa
venster (het)	หน้าต่าง	nâa dtàang
boog (de)	ซุ้มประตู	súm bprà-dtoo
pilaar (de)	เสา	săo
hoek (ov. een gebouw)	มุม	mum
vitrine (de)	หน้าต่างร้านค้า	nâa dtàang ráan kháa
gevelreclame (de)	ป้ายร้าน	bpâai ráan
affiche (de/het)	โปสเตอร์	bpòht-dtêr
reclameposter (de)	ป้ายโฆษณา	bpâai khôht-sà-naa

aanplakbord (het)	กระดานปิดประกาศ	grà-daan bpìt bprà-gàat
	โฆษณา	khôht-sà-naa
vuilnis (de/het)	ขยะ	khà-yà
vuilnisbak (de)	ถังขยะ	thǎng khà-yà
afval weggooien (ww)	ทิ้งขยะ	thíng khà-yà
stortplaats (de)	ที่ทิ้งขยะ	thêe thíng khà-yà
telefooncel (de)	ตู้โทรศัพท์	dtôo thoh-rá-sàp
straatlicht (het)	เสาโคม	sǎo khohm
bank (de)	ม้านั่ง	máa nâng
politieagent (de)	เจ้าหน้าที่ตำรวจ	jâo nâa-thêe dtam-rùat
politie (de)	ตำรวจ	dtam-rùat
zwerver (de)	ขอทาน	khǒr thaan
dakloze (de)	คนไร้บ้าน	khon rái bâan

29. Stedelijke instellingen

winkel (de)	ร้านค้า	ráan kháa
apotheek (de)	ร้านขายยา	ráan khǎai yaa
optiek (de)	รานตัดแว่น	ráan dtàt wâen
winkelcentrum (het)	ศูนย์การค้า	sǒon gaan kháa
supermarkt (de)	ซูเปอรมาร์เก็ต	soo-bper-maa-gèt
bakkerij (de)	ร้านขนมปัง	ráan khà-nǒm bpang
bakker (de)	คนอบขนมปัง	khon òp khà-nǒm bpang
banketbakkerij (de)	ร้านขนม	ráan khà-nǒm
kruidenier (de)	ร้านขายของชำ	ráan khǎai khǒrng cham
slagerij (de)	รานขายเนื้อ	ráan khǎai néua
groentewinkel (de)	ร้านขายผัก	ráan khǎai phàk
markt (de)	ตลาด	dtà-làat
koffiehuis (het)	ร้านกาแฟ	ráan gaa-fae
restaurant (het)	รานอาหาร	ráan aa-hǎan
bar (de)	บาร์	baa
pizzeria (de)	รานพิซซ่า	ráan phís-sâa
kapperssalon (de/het)	ร้านทำผม	ráan tham phǒm
postkantoor (het)	โรงไปรษณีย์	rohng bprai-sà-nee
stomerij (de)	ร้านซักแหง	ráan sák hâeng
fotostudio (de)	หองถายภาพ	hôrng thàai phâap
schoenwinkel (de)	ร้านขายรองเท้า	ráan khǎai rorng táo
boekhandel (de)	ร้านขายหนังสือ	ráan khǎai nǎng-sěu
sportwinkel (de)	รานขายอุปกรณ์กีฬา	ráan khǎai u-bpà-gon gee-laa
kledingreparatie (de)	ร้านซ่อมเสื้อผ้า	ráan sôrm sêua phâa
kledingverhuur (de)	ร้านเชาเสื้อออกงาน	ráan châo sêua òrk ngaan
videotheek (de)	รานเชาวิดีโอ	ráan châo wí-dee-oh
circus (de/het)	โรงละครสัตว์	rohng lá-khon sàt
dierentuin (de)	สวนสัตว์	sǔan sàt
bioscoop (de)	โรงภาพยนตร์	rohng phâap-phá-yon

| museum (het) | พิพิธภัณฑ์ | phí-phítha phan |
| bibliotheek (de) | หองสมุด | hôrng sà-mùt |

theater (het)	โรงละคร	rohng lá-khon
opera (de)	โรงอุปรากร	rohng ù-bpà-raa-gon
nachtclub (de)	ไนทคลับ	nai-khláp
casino (het)	คาสิโน	khaa-sì-noh

moskee (de)	สุเหร่า	sù-râo
synagoge (de)	โบสถยิว	bòht yiw
kathedraal (de)	อาสนวิหาร	aa sŏn wí-hăan
tempel (de)	วิหาร	wí-hăan
kerk (de)	โบสถ	bòht

instituut (het)	วิทยาลัย	wít-thá-yaa-lai
universiteit (de)	มหาวิทยาลัย	má-hăa wít-thá-yaa-lai
school (de)	โรงเรียน	rohng rian

gemeentehuis (het)	ศาลากลางจังหวัด	săa-laa glaang jang-wàt
stadhuis (het)	ศาลาเทศบาล	săa-laa thâyt-sà-baan
hotel (het)	โรงแรม	rohng raem
bank (de)	ธนาคาร	thá-naa-khaan

ambassade (de)	สถานทูต	sà-thăan thôot
reisbureau (het)	บริษัททัวร์	bor-rí-sàt thua
informatieloket (het)	สำนักงาน	săm-nák ngaan
	ศูนยขอมูล	sŏon khôr moon
wisselkantoor (het)	รานแลกเงิน	ráan lâek ngern

| metro (de) | รถไฟใต้ดิน | rót fai dtâi din |
| ziekenhuis (het) | โรงพยาบาล | rohng phá-yaa-baan |

| benzinestation (het) | ปั๊มน้ำมัน | bpám náam man |
| parking (de) | ลานจอดรถ | laan jòrt rót |

30. Borden

gevelreclame (de)	ป้ายร้าน	bpâai ráan
opschrift (het)	ปายเตือน	bpâai dteuan
poster (de)	โปสเตอร์	bpòht-dtêr
wegwijzer (de)	ปายบอกทาง	bpâai bòrk thaang
pijl (de)	ลูกศร	lôok sŏn

waarschuwing (verwittiging)	คำเตือน	kham dteuan
waarschuwingsbord (het)	ปายเตือน	bpâai dteuan
waarschuwen (ww)	เตือน	dteuan

vrije dag (de)	วันหยุด	wan yùt
dienstregeling (de)	ตารางเวลา	dtaa-raang way-laa
openingsuren (mv.)	เวลาทำการ	way-laa tham gaan

WELKOM!	ยินดีต้อนรับ!	yin dee dtôrn ráp
INGANG	ทางเขา	thaang khâo
UITGANG	ทางออก	thaang òrk

DUWEN	ผลัก	phlàk
TREKKEN	ดึง	deung
OPEN	เปิด	bpèrt
GESLOTEN	ปิด	bpìt

| DAMES | หญิง | yǐng |
| HEREN | ชาย | chaai |

KORTING	ลดราคา	lót raa-khaa
UITVERKOOP	ขายของลดราคา	khǎai khǒrng lót raa-khaa
NIEUW!	ใหม่!	mài
GRATIS	ฟรี	free

PAS OP!	โปรดทราบ!	bpròht sâap
VOLGEBOEKT	ไม่มีห้องว่าง	mâi mee hôrng wâang
GERESERVEERD	จองแล้ว	jorng láew

| ADMINISTRATIE | สำนักงาน | sǎm-nák ngaan |
| ALLEEN VOOR PERSONEEL | เฉพาะพนักงาน | chà-phór phá-nák ngaan |

GEVAARLIJKE HOND	ระวังสุนัข!	rá-wang sù-nák
VERBODEN TE ROKEN!	ห้ามสูบบุหรี่	hâam sòop bù rèe
NIET AANRAKEN!	ห้ามแตะ!	hâam dtàe

GEVAARLIJK	อันตราย	an-dtà-raai
GEVAAR	อันตราย	an-dtà-raai
HOOGSPANNING	ไฟฟ้าแรงสูง	fai fáa raeng sǒong
VERBODEN TE ZWEMMEN	ห้ามว่ายน้ำ!	hâam wâai náam
BUITEN GEBRUIK	เสีย	sǐa

ONTVLAMBAAR	อันตรายติดไฟ	an-dtà-raai dtìt fai
VERBODEN	ห้าม	hâam
DOORGANG VERBODEN	ห้ามผ่าน!	hâam phàan
OPGELET PAS GEVERFD	สีพื้นเปียก	sěe phéun bpìak

31. Winkelen

kopen (ww)	ซื้อ	séu
aankoop (de)	ของซื้อ	khǒrng séu
winkelen (ww)	ไปซื้อของ	bpai séu khǒrng
winkelen (het)	การซอปปิง	gaan chôp bping

| open zijn (ov. een winkel, enz.) | เปิด | bpèrt |
| gesloten zijn (ww) | ปิด | bpìt |

schoeisel (het)	รองเท้า	rorng tháo
kleren (mv.)	เสื้อผ้า	sêua phâa
cosmetica (mv.)	เครื่องสำอาง	khrêuang sǎm-aang
voedingswaren (mv.)	อาหาร	aa-hǎan
geschenk (het)	ของขวัญ	khǒrng khwǎn
verkoper (de)	พนักงานขาย	phá-nák ngaan khǎai
verkoopster (de)	พนักงานขาย	phá-nák ngaan khǎai

kassa (de)	ที่จ่ายเงิน	thêe jàai ngern
spiegel (de)	กระจก	grà-jòk
toonbank (de)	เคานเตอร์	khao-dtêr
paskamer (de)	ห้องลองเสื้อผ้า	hôrng lorng sêua phâa

aanpassen (ww)	ลอง	lorng
passen (ov. kleren)	เหมาะ	mò
bevallen (prettig vinden)	ชอบ	chôrp

prijs (de)	ราคา	raa-khaa
prijskaartje (het)	ป้ายราคา	bpâai raa-khaa
kosten (ww)	ราคา	raa-khaa
Hoeveel?	ราคาเท่าไหร่?	raa-khaa thâo rài
korting (de)	ลดราคา	lót raa-khaa

niet duur (bn)	ไม่แพง	mâi phaeng
goedkoop (bn)	ถูก	thòok
duur (bn)	แพง	phaeng
Dat is duur.	มันราคาแพง	man raa-khaa phaeng

verhuur (de)	การเช่า	gaan châo
huren (smoking, enz.)	เช่า	châo
krediet (het)	สินเชื่อ	sĭn chêua
op krediet (bw)	ซื้อเงินเชื่อ	séu ngern chêua

KLEDING EN ACCESSOIRES

32. Bovenkleding. Jassen

kleren (mv.)	เสื้อผ้า	sêua phâa
bovenkleding (de)	เสื้อนอก	sêua nôk
winterkleding (de)	เสื้อกันหนาว	sêua gan năao
jas (de)	เสื้อโค้ท	sêua khóht
bontjas (de)	เสื้อโค้ทขนสัตว์	sêua khóht khŏn sàt
bontjasje (het)	แจคเก็ตขนสัตว์	jáek-gèt khŏn sàt
donzen jas (de)	แจ็คเก็ตกันหนาว	jàek-gèt gan năao
jasje (bijv. een leren ~)	แจ็คเก็ต	jáek-gèt
regenjas (de)	เสื้อกันฝน	sêua gan fŏn
waterdicht (bn)	ซึ่งกันน้ำได้	sêung gan náam dâai

33. Heren & dames kleding

overhemd (het)	เสื้อ	sêua
broek (de)	กางเกง	gaang-gayng
jeans (de)	กางเกงยีนส์	gaang-gayng yeen
colbert (de)	แจ็คเก็ตสูท	jàek-gèt sòot
kostuum (het)	ชุดสูท	chút sòot
jurk (de)	ชุดเดรส	chút draet
rok (de)	กระโปรง	grà bprohng
blouse (de)	เสื้อ	sêua
wollen vest (de)	แจ็คเก็ตถัก	jáek-gèt thàk
blazer (kort jasje)	แจ็คเก็ต	jáek-gèt
T-shirt (het)	เสื้อยืด	sêua yêut
shorts (mv.)	กางเกงขาสั้น	gaang-gayng khăa sân
trainingspak (het)	ชุดวอรม	chút wom
badjas (de)	เสื้อคลุมอาบน้ำ	sêua khlum àap náam
pyjama (de)	ชุดนอน	chút norn
sweater (de)	เสื้อไหมพรม	sêua măi phrom
pullover (de)	เสื้อกันหนาวแบบสวม	sêua gan năao bàep sŭam
gilet (het)	เสื้อกั๊ก	sêua gák
rokkostuum (het)	เสื้อเทลโค้ต	sêua thayn-khóht
smoking (de)	ชุดทักซิโด	chút thák sí dôh
uniform (het)	เครื่องแบบ	khrêuang bàep
werkkleding (de)	ชุดทำงาน	chút tam ngaan
overall (de)	ชุดเอี๊ยม	chút íam
doktersjas (de)	เสื้อคลุม	sêua khlum

34. Kleding. Ondergoed

ondergoed (het)	ชุดชั้นใน	chút chán nai
herenslip (de)	กางเกงในชาย	gaang-gayng nai chaai
slipjes (mv.)	กางเกงในสตรี	gaang-gayng nai sàt-dtree
onderhemd (het)	เสื้อชั้นใน	sêua chán nai
sokken (mv.)	ถุงเท้า	thŭng tháo
nachthemd (het)	ชุดนอนสตรี	chút norn sàt-dtree
beha (de)	ยกทรง	yók song
kniekousen (mv.)	ถุงเท้ายาว	thŭng tháo yaao
panty (de)	ถุงน่องเต็มตัว	thŭng nôrng dtem dtua
nylonkousen (mv.)	ถุงน่อง	thŭng nôrng
badpak (het)	ชุดว่ายน้ำ	chút wâai náam

35. Hoofddeksels

hoed (de)	หมวก	mùak
deukhoed (de)	หมวก	mùak
honkbalpet (de)	หมวกเบสบอล	mùak bàyt-bon
kleppet (de)	หมวกติงลี่	mùak dting lêe
baret (de)	หมวกเบเร่ต์	mùak bay-rây
kap (de)	ฮูด	hóot
panamahoed (de)	หมวกปานามา	mùak bpaa-naa-maa
gebreide muts (de)	หมวกไหมพรม	mùak măi phrom
hoofddoek (de)	ผ้าโพกศีรษะ	phâa phôhk sĕe-sà
dameshoed (de)	หมวกสตรี	mùak sàt-dtree
veiligheidshelm (de)	หมวกนิรภัย	mùak ní-rá-phai
veldmuts (de)	หมวกหนีบ	mùak nèep
helm, valhelm (de)	หมวกกันน็อค	mùak ní-rá-phai
bolhoed (de)	หมวกกลมทรงสูง	mùak glom song sŏong
hoge hoed (de)	หมวกทรงสูง	mùak song sŏong

36. Schoeisel

schoeisel (het)	รองเท้า	rorng tháo
schoenen (mv.)	รองเท้า	rorng tháo
vrouwenschoenen (mv.)	รองเท้า	rorng tháo
laarzen (mv.)	รองเท้าบูท	rorng tháo bòot
pantoffels (mv.)	รองเท้าแตะในบ้าน	rorng tháo dtàe nai bâan
sportschoenen (mv.)	รองเท้ากีฬา	rorng tháo gee-laa
sneakers (mv.)	รองเท้าผ้าใบ	rorng tháo phâa bai
sandalen (mv.)	รองเท้าแตะ	rorng tháo dtàe
schoenlapper (de)	คนซ่อมรองเท้า	khon sôrm rorng tháo
hiel (de)	สันรองเท้า	sôn rorng tháo

paar (een ~ schoenen)	คู่	khôo
veter (de)	เชือกรองเท้า	chêuak rorng tháo
rijgen (schoenen ~)	ผูกเชือกรองเท้า	phòok chêuak rorng tháo
schoenlepel (de)	ที่ช้อนรองเท้า	thêe chón rorng tháo
schoensmeer (de/het)	ยาขัดรองเท้า	yaa khàt rorng tháo

37. Persoonlijke accessoires

handschoenen (mv.)	ถุงมือ	thǔng meu
wanten (mv.)	ถุงมือ	thǔng meu
sjaal (fleece ~)	ผ้าพันคอ	phâa phan khor

bril (de)	แว่นตา	wâen dtaa
brilmontuur (het)	กรอบแว่น	gròrp wâen
paraplu (de)	ร่ม	rôm
wandelstok (de)	ไม้เท้า	máai tháo
haarborstel (de)	แปรงหวีผม	bpraeng wěe phǒm
waaier (de)	พัด	phát

das (de)	เนคไท	nâyk-thai
strikje (het)	โบว์หูกระต่าย	boh hǒo grà-dtàai
bretels (mv.)	สายเอี๊ยม	sǎai íam
zakdoek (de)	ผ้าเช็ดหน้า	phâa chét-nâa

kam (de)	หวี	wěe
haarspeldje (het)	ที่หนีบผม	têe nèep phǒm
schuifspeldje (het)	กิ๊บ	gíp
gesp (de)	หัวเข็มขัด	hǔa khěm khàt

| broekriem (de) | เข็มขัด | khěm khàt |
| draagriem (de) | สายกระเป๋า | sǎai grà-bpǎo |

handtas (de)	กระเป๋า	grà-bpǎo
damestas (de)	กระเป๋าถือ	grà-bpǎo thěu
rugzak (de)	กระเป๋าสะพายหลัง	grà-bpǎo sà-phaai lǎng

38. Kleding. Diversen

mode (de)	แฟชั่น	fae-chân
de mode (bn)	คานิยม	khâa ní-yom
kledingstilist (de)	นักออกแบบแฟชั่น	nák òrk bàep fae-chân

kraag (de)	คอปกเสื้อ	khor bpòk sêua
zak (de)	กระเป๋า	grà-bpǎo
zak- (abn)	กระเป๋า	grà-bpǎo
mouw (de)	แขนเสื้อ	khǎen sêua
lusje (het)	ที่แขวนเสื้อ	thêe khwǎen sêua
gulp (de)	ซิปกางเกง	síp gaang-gayng

rits (de)	ซิป	síp
sluiting (de)	ซิป	síp
knoop (de)	กระดุม	grà dum

knoopsgat (het)	รูกระดุม	roo grà dum
losraken (bijv. knopen)	หลุดออก	lùt òrk

naaien (kleren, enz.)	เย็บ	yép
borduren (ww)	ปัก	bpàk
borduursel (het)	ลายปัก	laai bpàk
naald (de)	เข็มเย็บผ้า	khĕm yép phâa
draad (de)	เสนดาย	sây-dâai
naad (de)	รอยเย็บ	roi yép

vies worden (ww)	สกปรก	sòk-gà-bpròk
vlek (de)	รอยเปื้อน	roi bpêuan
gekreukt raken (ov. kleren)	พับเป็นรอยย่น	pháp bpen roi yôn
scheuren (ov.ww.)	ฉีก	chèek
mot (de)	แมลงกินผ้า	má-laeng gin phâa

39. Persoonlijke verzorging. Schoonheidsmiddelen

tandpasta (de)	ยาสีฟัน	yaa sĕe fan
tandenborstel (de)	แปรงสีฟัน	bpraeng sĕe fan
tanden poetsen (ww)	แปรงฟัน	bpraeng fan

scheermes (het)	มีดโกน	mêet gohn
scheerschuim (het)	ครีมโกนหนวด	khreem gohn nùat
zich scheren (ww)	โกน	gohn

zeep (de)	สบู่	sà-bòo
shampoo (de)	แชมพู	chaem-phoo

schaar (de)	กรรไกร	gan-grai
nagelvijl (de)	ตะไบเล็บ	dtà-bai lép
nagelknipper (de)	กรรไกรตัดเล็บ	gan-grai dtàt lép
pincet (het)	แหนบ	nàep

cosmetica (mv.)	เครื่องสำอาง	khrêuang săm-aang
masker (het)	มาสกหน้า	mâak nâa
manicure (de)	การแต่งเล็บ	gaan dtàeng lép
manicure doen	แต่งเล็บ	dtàeng lép
pedicure (de)	การแต่งเล็บเท้า	gaan dtàeng lép táo

cosmetica tasje (het)	กระเป๋าเครื่องสำอาง	grà-bpăo khrêuang săm-aang
poeder (de/het)	แป้งฝุ่น	bpâeng-fùn
poederdoos (de)	ตลับแป้ง	dtà-làp bpâeng
rouge (de)	แป้งทาแก้ม	bpâeng thaa gâem

parfum (de/het)	น้ำหอม	nám hŏrm
eau de toilet (de)	น้ำหอมออนๆ	náam hŏrm òn òn
lotion (de)	โลชั่น	loh-chân
eau de cologne (de)	โคโลญจ์	khoh-lohn

oogschaduw (de)	อายแชโดว์	aai-chae-doh
oogpotlood (het)	อายไลเนอร์	aai lai-ner
mascara (de)	มาสคารา	mâat-khaa-râa
lippenstift (de)	ลิปสติก	líp-sà-dtìk

nagellak (de)	น้ำยาทาเล็บ	nám yaa-thaa lép
haarlak (de)	สเปรย์ฉีดผม	sà-bpray chèet phǒm
deodorant (de)	ยาดับกลิ่น	yaa dàp glìn
crème (de)	ครีม	khreem
gezichtscrème (de)	ครีมทาหน้า	khreem thaa nâa
handcrème (de)	ครีมทามือ	khreem thaa meu
antirimpelcrème (de)	ครีมลดริ้วรอย	khreem lót ríw roi
dagcrème (de)	ครีมกลางวัน	khreem klaang wan
nachtcrème (de)	ครีมกลางคืน	khreem klaang kheun
dag- (abn)	กลางวัน	glaang wan
nacht- (abn)	กลางคืน	glaang kheun
tampon (de)	ผ้าอนามัยแบบสอด	phâa a-naa-mai bàep sòrt
toiletpapier (het)	กระดาษชำระ	grà-dàat cham-rá
föhn (de)	เครื่องเป่าผม	khrêuang bpào phǒm

40. Horloges. Klokken

polshorloge (het)	นาฬิกา	naa-lí-gaa
wijzerplaat (de)	หน้าปัด	nâa bpàt
wijzer (de)	เข็ม	khěm
metalen horlogeband (de)	สายนาฬิกาข้อมือ	sǎai naa-lí-gaa khôr meu
horlogebandje (het)	สายรัดขอมือ	sǎai rát khôr meu
batterij (de)	แบตเตอรี่	bàet-dter-rêe
leeg zijn (ww)	หมด	mòt
batterij vervangen	เปลี่ยนแบตเตอรี่	bplìan bàet-dter-rêe
voorlopen (ww)	เดินเร็วเกินไป	dern reo gern bpai
achterlopen (ww)	เดินช้า	dern cháa
wandklok (de)	นาฬิกาแขวนผนัง	naa-lí-gaa khwǎen phà-nǎng
zandloper (de)	นาฬิกาทราย	naa-lí-gaa saai
zonnewijzer (de)	นาฬิกาแดด	naa-lí-gaa dàet
wekker (de)	นาฬิกาปลุก	naa-lí-gaa bplùk
horlogemaker (de)	ช่างซ่อมนาฬิกา	châang sôrm naa-lí-gaa
repareren (ww)	ซ่อม	sôrm

ALLEDAAGSE ERVARING

41. Geld

geld (het)	เงิน	ngern
ruil (de)	การแลกเปลี่ยนสกุลเงิน	gaan lâek bplìan sà-gun ngern
koers (de)	อัตราแลกเปลี่ยนสกุลเงิน	àt-dtraa lâek bplìan sà-gun ngern
geldautomaat (de)	เอทีเอ็ม	ay-thee-em
muntstuk (de)	เหรียญ	rĭan
dollar (de)	ดอลลาร์	dorn-lâa
euro (de)	ยูโร	yoo-roh
lire (de)	ลีราอิตาลี	lee-raa ì-dtaa-lee
Duitse mark (de)	มาร์ค	mâak
frank (de)	ฟรังค์	frang
pond sterling (het)	ปอนด์สเตอร์ลิง	bporn sà-dtêr-ling
yen (de)	เยน	yayn
schuld (geldbedrag)	หนี้	nêe
schuldenaar (de)	ลูกหนี้	lôok nêe
uitlenen (ww)	ให้ยืม	hâi yeum
lenen (geld ~)	ขอยืม	khŏr yeum
bank (de)	ธนาคาร	thá-naa-khaan
bankrekening (de)	บัญชี	ban-chee
storten (ww)	ฝาก	fàak
op rekening storten	ฝากเงินเข้าบัญชี	fàak ngern khâo ban-chee
opnemen (ww)	ถอน	thŏrn
kredietkaart (de)	บัตรเครดิต	bàt khray-dìt
baar geld (het)	เงินสด	ngern sòt
cheque (de)	เช็ค	chék
een cheque uitschrijven	เขียนเช็ค	khĭan chék
chequeboekje (het)	สมุดเช็ค	sà-mùt chék
portefeuille (de)	กระเป๋าเงิน	grà-bpǎo ngern
geldbeugel (de)	กระเป๋าสตางค์	grà-bpǎo sà-dtaang
safe (de)	ตู้เซฟ	dtôo sâyf
erfgenaam (de)	ทายาท	thaa-yâat
erfenis (de)	มรดก	mor-rá-dòrk
fortuin (het)	เงินจำนวนมาก	ngern jam-nuan mâak
huur (de)	สัญญาเช่า	săn-yaa châo
huurprijs (de)	ค่าเช่า	kâa châo
huren (huis, kamer)	เช่า	châo
prijs (de)	ราคา	raa-khaa

kostprijs (de)	ราคา	raa-khaa
som (de)	จำนวนเงินรวม	jam-nuan ngern ruam
uitgeven (geld besteden)	จ่าย	jàai
kosten (mv.)	คาจาย	khâa jàai
bezuinigen (ww)	ประหยัด	bprà-yàt
zuinig (bn)	ประหยัด	bprà-yàt
betalen (ww)	จ่าย	jàai
betaling (de)	การจ่ายเงิน	gaan jàai ngern
wisselgeld (het)	เงินทอน	ngern thorn
belasting (de)	ภาษี	phaa-sĕe
boete (de)	คาปรับ	khâa bpràp
beboeten (bekeuren)	ปรับ	bpràp

42. Post. Postkantoor

postkantoor (het)	โรงไปรษณีย์	rohng bprai-sà-nee
post (de)	จดหมาย	jòt măai
postbode (de)	บุรุษไปรษณีย์	bù-rùt bprai-sà-nee
openingsuren (mv.)	เวลาทำการ	way-laa tham gaan
brief (de)	จดหมาย	jòt măai
aangetekende brief (de)	จดหมายลงทะเบียน	jòt măai long thá-bian
briefkaart (de)	ไปรษณียบัตร	bprai-sà-nee-yá-bàt
telegram (het)	โทรเลข	thoh-rá-lâyk
postpakket (het)	พัสดุ	phát-sà-dù
overschrijving (de)	การโอนเงิน	gaan ohn ngern
ontvangen (ww)	รับ	ráp
sturen (zenden)	ฝาก	fàak
verzending (de)	การฝาก	gaan fàak
adres (het)	ที่อยู่	thêe yòo
postcode (de)	รหัสไปรษณีย์	rá-hàt bprai-sà-nee
verzender (de)	ผู้ฝาก	phôo fàak
ontvanger (de)	ผู้รับ	phôo ráp
naam (de)	ชื่อ	chêu
achternaam (de)	นามสกุล	naam sà-gun
tarief (het)	อัตราค่าส่งไปรษณีย	àt-dtraa khâa sòng bprai-sà-nee
standaard (bn)	มาตรฐาน	mâat-dtrà-thăan
zuinig (bn)	ประหยัด	bprà-yàt
gewicht (het)	น้ำหนัก	nám nàk
afwegen (op de weegschaal)	มีน้ำหนัก	mee nám nàk
envelop (de)	ซอง	sorng
postzegel (de)	แสตมป์ไปรษณีย์	sà-dtaem bprai-sà-nee
een postzegel plakken op	แสตมป์ตราประทับบนซอง	sà-dtaem dtraa bprà-tháp bon song

43. Bankieren

bank (de)	ธนาคาร	thá-naa-khaan
bankfiliaal (het)	สาขา	săa-khăa
bankbediende (de)	พนักงาน	phá-nák ngaan
	ธนาคาร	thá-naa-khaan
manager (de)	ผู้จัดการ	phôo jàt gaan
bankrekening (de)	บัญชีธนาคาร	ban-chee thá-naa-kaan
rekeningnummer (het)	หมายเลขบัญชี	măai lâyk ban-chee
lopende rekening (de)	กระแสรายวัน	grà-săe raai wan
spaarrekening (de)	บัญชีออมทรัพย์	ban-chee orm sáp
een rekening openen	เปิดบัญชี	bpèrt ban-chee
de rekening sluiten	ปิดบัญชี	bpìt ban-chee
op rekening storten	ฝากเงินเข้าบัญชี	fàak ngern khâo ban-chee
opnemen (ww)	ถอน	thŏrn
storting (de)	การฝาก	gaan fàak
een storting maken	ฝาก	fàak
overschrijving (de)	การโอนเงิน	gaan ohn ngern
een overschrijving maken	โอนเงิน	ohn ngern
som (de)	จำนวนเงินรวม	jam-nuan ngern ruam
Hoeveel?	เทาไหร่?	thâo rài
handtekening (de)	ลายมือชื่อ	laai meu chêu
ondertekenen (ww)	ลงนาม	long naam
kredietkaart (de)	บัตรเครดิต	bàt khray-dìt
code (de)	รหัส	rá-hàt
kredietkaartnummer (het)	หมายเลขบัตรเครดิต	măai lâyk bàt khray-dìt
geldautomaat (de)	เอทีเอ็ม	ay-thee-em
cheque (de)	เช็ค	chék
een cheque uitschrijven	เขียนเช็ค	khĭan chék
chequeboekje (het)	สมุดเช็ค	sà-mùt chék
lening, krediet (de)	เงินกู้	ngern gôo
een lening aanvragen	ขอสินเชื่อ	khŏr sĭn chêua
een lening nemen	กู้เงิน	gôo ngern
een lening verlenen	ให้กู้เงิน	hâi gôo ngern
garantie (de)	การรับประกัน	gaan ráp bprà-gan

44. Telefoon. Telefoongesprek

telefoon (de)	โทรศัพท์	thoh-rá-sàp
mobieltje (het)	มือถือ	meu thĕu
antwoordapparaat (het)	เครื่องพูดตอบ	khrêuang phôot dtòp
bellen (ww)	โทรศัพท์	thoh-rá-sàp
belletje (telefoontje)	การโทรศัพท์	gaan thoh-rá-sàp

een nummer draaien	หมุนหมายเลขโทรศัพท์	mǔn mǎai lâyk thoh-rá-sàp
Hallo!	สวัสดี!	sà-wàt-dee
vragen (ww)	ถาม	thǎam
antwoorden (ww)	รับสาย	ráp sǎai

horen (ww)	ได้ยิน	dâai yin
goed (bw)	ดี	dee
slecht (bw)	ไม่ดี	mâi dee
storingen (mv.)	เสียงรบกวน	sǐang róp guan

hoorn (de)	ตัวรับสัญญาณ	dtua ráp sǎn-yaan
opnemen (ww)	รับสาย	ráp sǎai
ophangen (ww)	วางสาย	waang sǎai

bezet (bn)	ไม่ว่าง	mâi wâang
overgaan (ww)	ดัง	dang
telefoonboek (het)	สมุดโทรศัพท์	sà-mùt thoh-rá-sàp

lokaal (bn)	ในประเทศ	nai bprà-thâyt
lokaal gesprek (het)	โทรในประเทศ	thoh nai bprà-thâyt
interlokaal (bn)	ระยะไกล	rá-yá glai
interlokaal gesprek (het)	โทรระยะไกล	thoh-rá-yá glai
buitenlands (bn)	ตางประเทศ	dtàang bprà-thâyt
buitenlands gesprek (het)	โทรตางประเทศ	thoh dtàang bprà-thâyt

45. Mobiele telefoon

mobieltje (het)	มือถือ	meu thěu
scherm (het)	หนาจอ	nâa jor
toets, knop (de)	ปุ่ม	bpùm
simkaart (de)	ซิมการ์ด	sím gàat

batterij (de)	แบตเตอรี่	bàet-dter-rêe
leeg zijn (ww)	หมด	mòt
acculader (de)	ที่ชาร์จ	thêe châat

menu (het)	เมนู	may-noo
instellingen (mv.)	การตั้งค่า	gaan dtâng khâa
melodie (beltoon)	เสียงเพลง	sǐang phlayng
selecteren (ww)	เลือก	lêuak
rekenmachine (de)	เครื่องคิดเลข	khrêuang khít lâyk
voicemail (de)	ขอความเสียง	khôr khwaam sǐang
wekker (de)	นาฬิกาปลุก	naa-lí-gaa bplùk
contacten (mv.)	รายชื่อผู้ติดต่อ	raai chêu phôo dtìt dtòr

SMS-bericht (het)	SMS	es-e-mes
abonnee (de)	ผู้สมัครรับบริการ	phôo sà-màk ráp bor-rí-gaan

46. Schrijfbehoeften

balpen (de)	ปากกาลูกลื่น	bpàak gaa lôok lêun
vulpen (de)	ปากกาหมึกซึม	bpàak gaa mèuk seum

potlood (het)	ดินสอ	din-sŏr
marker (de)	ปากกาเน้น	bpàak gaa náyn
viltstift (de)	ปากกาเมจิด	bpàak gaa may jìk
notitieboekje (het)	สมุดจด	sà-mùt jòt
agenda (boekje)	สมุดบันทึกรายวัน	sà-mùt ban-théuk raai wan
liniaal (de/het)	ไม้บรรทัด	máai ban-thát
rekenmachine (de)	เครื่องคิดเลข	khrêuang khít lâyk
gom (de)	ยางลบ	yaang lóp
punaise (de)	เป๊ก	bpáyk
paperclip (de)	ลวดหนีบกระดาษ	lûat nèep grà-dàat
lijm (de)	กาว	gaao
nietmachine (de)	ที่เย็บกระดาษ	thêe yép grà-dàat
perforator (de)	ที่เจาะรูกระดาษ	thêe jòr roo grà-dàat
potloodslijper (de)	ที่เหลาดินสอ	thêe lăo din-sŏr

47. Vreemde talen

taal (de)	ภาษา	phaa-săa
vreemd (bn)	ตางชาติ	dtàang châat
vreemde taal (de)	ภาษาตางชาติ	phaa-săa dtàang châat
leren (bijv. van buiten ~)	เรียน	rian
studeren (Nederlands ~)	เรียน	rian
lezen (ww)	อ่าน	àan
spreken (ww)	พูด	phôot
begrijpen (ww)	เขาใจ	khâo jai
schrijven (ww)	เขียน	khĭan
snel (bw)	รวดเร็ว	rûat reo
langzaam (bw)	อยางชา	yàang cháa
vloeiend (bw)	อยางคลอง	yàang khlôrng
regels (mv.)	กฎ	gòt
grammatica (de)	ไวยากรณ์	wai-yaa-gon
vocabulaire (het)	คำศัพท	kham sàp
fonetiek (de)	การออกเสียง	gaan òrk sĭang
leerboek (het)	หนังสือเรียน	năng-sĕu rian
woordenboek (het)	พจนานุกรม	phót-jà-naa-nú-grom
leerboek (het) voor zelfstudie	หนังสือแบบเรียนดวยตนเอง	năng-sĕu bàep rian dûay dton ayng
taalgids (de)	เฟรสบุก	frayt bùk
cassette (de)	เทปคาสเซ็ตต์	thâyp khaas-sét
videocassette (de)	วิดีโอ	wí-dee-oh
CD (de)	CD	see-dee
DVD (de)	DVD	dee-wee-dee
alfabet (het)	ตัวอักษร	dtua àk-sŏn
spellen (ww)	สะกด	sà-gòt
uitspraak (de)	การออกเสียง	gaan òrk sĭang

accent (het)	สำเนียง	săm-niang
met een accent (bw)	มีสำเนียง	mee săm-niang
zonder accent (bw)	ไม่มีสำเนียง	mâi mee săm-niang
woord (het)	คำ	kham
betekenis (de)	ความหมาย	khwaam măai
cursus (de)	หลักสูตร	làk sòot
zich inschrijven (ww)	สมัคร	sà-màk
leraar (de)	อาจารย์	aa-jaan
vertaling (een ~ maken)	การแปล	gaan bplae
vertaling (tekst)	คำแปล	kham bplae
vertaler (de)	นักแปล	nák bplae
tolk (de)	ลาม	lâam
polyglot (de)	ผู้รู้หลายภาษา	phôo róo lăai paa-săa
geheugen (het)	ความทรงจำ	khwaam song jam

MAALTIJDEN. RESTAURANT

48. Tafelschikking

lepel (de)	ช้อน	chórn
mes (het)	มีด	mêet
vork (de)	ส้อม	sôrm
kopje (het)	แก้ว	gâew
bord (het)	จาน	jaan
schoteltje (het)	จานรอง	jaan rorng
servet (het)	ผ้าเช็ดปาก	phâa chét bpàak
tandenstoker (de)	ไม้จิ้มฟัน	máai jîm fan

49. Restaurant

restaurant (het)	ร้านอาหาร	ráan aa-hăan
koffiehuis (het)	ร้านกาแฟ	ráan gaa-fae
bar (de)	ร้านเหล้า	ráan lâo
tearoom (de)	รานน้ำชา	ráan nám chaa
kelner, ober (de)	คนเสิร์ฟชาย	khon sèrf chaai
serveerster (de)	คนเสิร์ฟหญิง	khon sèrf yĭng
barman (de)	บาร์เทนเดอร์	baa-thayn-dêr
menu (het)	เมนู	may-noo
wijnkaart (de)	รายการไวน์	raai gaan wai
een tafel reserveren	จองโต๊ะ	jorng dtó
gerecht (het)	มื้ออาหาร	méu aa-hăan
bestellen (eten ~)	สั่ง	sàng
een bestelling maken	สั่งอาหาร	sàng aa-hăan
aperitief (de/het)	เครื่องดื่มเหล้า กอนอาหาร	khrêuang dèum lâo gòrn aa-hăan
voorgerecht (het)	ของกินเล่น	khŏrng gin lâyn
dessert (het)	ของหวาน	khŏrng wăan
rekening (de)	คิดเงิน	khít ngern
de rekening betalen	จ่ายค่าอาหาร	jàai khâa aa hăan
wisselgeld teruggeven	ให้เงินทอน	hâi ngern thorn
fooi (de)	เงินทิป	ngern thíp

50. Maaltijden

eten (het)	อาหาร	aa-hăan
eten (ww)	กิน	gin

ontbijt (het)	อาหารเช้า	aa-hăan cháo
ontbijten (ww)	ทานอาหารเช้า	thaan aa-hăan cháo
lunch (de)	ข้าวเที่ยง	khâao thîang
lunchen (ww)	ทานอาหารเที่ยง	thaan aa-hăan thîang
avondeten (het)	อาหารเย็น	aa-hăan yen
souperen (ww)	ทานอาหารเย็น	thaan aa-hăan yen
eetlust (de)	ความอยากอาหาร	kwaam yàak aa hăan
Eet smakelijk!	กินให้อรอย!	gin hâi a-ròi
openen (een fles ~)	เปิด	bpèrt
morsen (koffie, enz.)	ทำหก	tham hòk
zijn gemorst	ทำหกออกมา	tham hòk òrk maa
koken (water kookt bij 100°C)	ต้ม	dtôm
koken (Hoe om water te ~)	ต้ม	dtôm
gekookt (~ water)	ต้ม	dtôm
afkoelen (koeler maken)	แช่เย็น	châe yen
afkoelen (koeler worden)	แช่เย็น	châe yen
smaak (de)	รสชาติ	rót châat
nasmaak (de)	รส	rót
volgen een dieet	ลดน้ำหนัก	lót nám nàk
dieet (het)	อาหารพิเศษ	aa-hăan phí-sàyt
vitamine (de)	วิตามิน	wí-dtaa-min
calorie (de)	แคลอรี่	khae-lor-rêe
vegetariër (de)	คนกินเจ	khon gin jay
vegetarisch (bn)	มังสวิรัติ	mang-sà-wí-rát
vetten (mv.)	ไขมัน	khăi man
eiwitten (mv.)	โปรตีน	bproh-dteen
koolhydraten (mv.)	คาร์โบไฮเดรต	kaa-boh-hai-dràyt
snede (de)	แผ่น	phàen
stuk (bijv. een ~ taart)	ชิ้น	chín
kruimel (de)	เศษ	sàyt

51. Bereide gerechten

gerecht (het)	มื้ออาหาร	méu aa-hăan
keuken (bijv. Franse ~)	อาหาร	aa-hăan
recept (het)	ตำราอาหาร	dtam-raa aa-hăan
portie (de)	ส่วน	sùan
salade (de)	สลัด	sà-làt
soep (de)	ซุป	súp
bouillon (de)	ซุปน้ำใส	súp nám-săi
boterham (de)	แซนด์วิช	saen-wít
spiegelei (het)	ไข่ทอด	khài thôrt
hamburger (de)	แฮมเบอร์เกอร์	haem-ber-gêr
biefstuk (de)	สเต็กเนื้อ	sà-dtèk néua

garnering (de)	เครื่องเคียง	khrêuang khiang
spaghetti (de)	สปาเก็ตตี้	sà-bpaa-gèt-dtêe
aardappelpuree (de)	มันฝรั่งบด	man fà-ràng bòt
pizza (de)	พิซซ่า	phít-sâa
pap (de)	ข้าวต้ม	khâao-dtôm
omelet (de)	ไข่เจียว	khài jieow
gekookt (in water)	ต้ม	dtôm
gerookt (bn)	รมควัน	rom khwan
gebakken (bn)	ทอด	thôrt
gedroogd (bn)	ตากแห้ง	dtàak hâeng
diepvries (bn)	แช่แข็ง	châe khǎeng
gemarineerd (bn)	ดอง	dorng
zoet (bn)	หวาน	wǎan
gezouten (bn)	เค็ม	khem
koud (bn)	เย็น	yen
heet (bn)	ร้อน	rórn
bitter (bn)	ขม	khǒm
lekker (bn)	อร่อย	à-ròi
koken (in kokend water)	ต้ม	dtôm
bereiden (avondmaaltijd ~)	ทำอาหาร	tham aa-hǎan
bakken (ww)	ทอด	thôrt
opwarmen (ww)	อุ่น	ùn
zouten (ww)	ใส่เกลือ	sài gleua
peperen (ww)	ใส่พริกไทย	sài phrík thai
raspen (ww)	ขูด	khòot
schil (de)	เปลือก	bplèuak
schillen (ww)	ปอกเปลือก	bpòrk bplêuak

52. Voedsel

vlees (het)	เนื้อ	néua
kip (de)	ไก่	gài
kuiken (het)	เนื้อลูกไก่	néua lôok gài
eend (de)	เป็ด	bpèt
gans (de)	ห่าน	hàan
wild (het)	สัตว์ที่ล่า	sàt thêe lâa
kalkoen (de)	ไก่งวง	gài nguang
varkensvlees (het)	เนื้อหมู	néua mǒo
kalfsvlees (het)	เนื้อลูกวัว	néua lôok wua
schapenvlees (het)	เนื้อแกะ	néua gàe
rundvlees (het)	เนื้อวัว	néua wua
konijnenvlees (het)	เนื้อกระต่าย	néua grà-dtàai
worst (de)	ไส้กรอก	sâi gròrk
saucijs (de)	ไส้กรอกเวียนนา	sâi gròrk wian-naa
spek (het)	หมูเบคอน	mǒo bay-khorn
ham (de)	แฮม	haem
gerookte achterham (de)	แฮมแกมมอน	haem gaem-morn
paté (de)	ปาเต	bpaa dtay

lever (de)	ตับ	dtàp
gehakt (het)	เนื้อสับ	néua sàp
tong (de)	ลิ้น	lín
ei (het)	ไข่	khài
eieren (mv.)	ไข่	khài
eiwit (het)	ไข่ขาว	khài khǎao
eigeel (het)	ไข่แดง	khài daeng
vis (de)	ปลา	bplaa
zeevruchten (mv.)	อาหารทะเล	aa hǎan thá-lay
schaaldieren (mv.)	สัตว์พวกกุ้งกั้งปู	sàt phûak gûng gâng bpoo
kaviaar (de)	ไข่ปลา	khài-bplaa
krab (de)	ปู	bpoo
garnaal (de)	กุ้ง	gûng
oester (de)	หอยนางรม	hǒi naang rom
langoest (de)	กุ้งมังกร	gûng mang-gon
octopus (de)	ปลาหมึก	bplaa mèuk
inktvis (de)	ปลาหมึกกล้วย	bplaa mèuk-glûay
steur (de)	ปลาสเตอร์เจียน	bpláa sà-dtêr jian
zalm (de)	ปลาแซลมอน	bplaa saen-morn
heilbot (de)	ปลาตาเดียว	bplaa dtaa-dieow
kabeljauw (de)	ปลาค็อด	bplaa khót
makreel (de)	ปลาแม็คเคอเร็ล	bplaa máek-kay-a-rěn
tonijn (de)	ปลาทูน่า	bplaa thoo-nâa
paling (de)	ปลาไหล	bplaa lǎi
forel (de)	ปลาเทราท์	bplaa thrau
sardine (de)	ปลาซาร์ดีน	bplaa saa-deen
snoek (de)	ปลาไพค์	bplaa phai
haring (de)	ปลาเฮอร์ริง	bplaa her-ring
brood (het)	ขนมปัง	khà-nǒm bpang
kaas (de)	เนยแข็ง	noie khǎeng
suiker (de)	น้ำตาล	nám dtaan
zout (het)	เกลือ	gleua
rijst (de)	ข้าว	khâao
pasta (de)	พาสต้า	phâat-dtâa
noedels (mv.)	กวยเตี๋ยว	gǔay-dtǐeow
boter (de)	เนย	noie
plantaardige olie (de)	น้ำมันพืช	nám man phêut
zonnebloemolie (de)	น้ำมันดอกทานตะวัน	nám man dòrk thaan dtà-wan
margarine (de)	เนยเทียม	noie thiam
olijven (mv.)	มะกอก	má-gòrk
olijfolie (de)	น้ำมันมะกอก	nám man má-gòrk
melk (de)	นม	nom
gecondenseerde melk (de)	นมข้น	nom khôn
yoghurt (de)	โยเกิร์ต	yoh-gèrt
zure room (de)	ซาวร์ครีม	saao khreem

room (de)	ครีม	khreem
mayonaise (de)	มายี่องเนส	maa-yorng-nâyt
crème (de)	ส่วนผสมของเนย และน้ำตาล	sùan phà-sŏm khŏrng noie láe nám dtaan
graan (het)	เมล็ดธัญพืช	má-lét than-yá-phêut
meel (het), bloem (de)	แป้ง	bpâeng
conserven (mv.)	อาหารกระป๋อง	aa-hăan grà-bpŏrng
maïsvlokken (mv.)	คอร์นเฟลค	khorn-flâyk
honing (de)	น้ำผึ้ง	nám phêung
jam (de)	แยม	yaem
kauwgom (de)	หมากฝรั่ง	màak fà-ràng

53. Drankjes

water (het)	น้ำ	nám
drinkwater (het)	น้ำดื่ม	nám dèum
mineraalwater (het)	น้ำแร่	nám râe
zonder gas	ไม่มีฟอง	mâi mee forng
koolzuurhoudend (bn)	น้ำอัดลม	nám àt lom
bruisend (bn)	มีฟอง	mee forng
ijs (het)	น้ำแข็ง	nám khăeng
met ijs	ใส่น้ำแข็ง	sài nám khăeng
alcohol vrij (bn)	ไม่มีแอลกอฮอล์	mâi mee aen-gor-hor
alcohol vrije drank (de)	เครื่องดื่มที่ไม่มี แอลกอฮอล	krêuang dèum têe mâi mee aen-gor-hor
frisdrank (de)	เครื่องดื่มให้ ความสดชื่น	khrêuang dèum hâi khwaam sòt chêun
limonade (de)	น้ำเลมอนเนด	nám lay-morn-nâyt
alcoholische dranken (mv.)	เหล้า	lăo
wijn (de)	ไวน์	wai
witte wijn (de)	ไวน์ขาว	wai khăo
rode wijn (de)	ไวน์แดง	wai daeng
likeur (de)	สุรา	sù-raa
champagne (de)	แชมเปญ	chaem-bpayn
vermout (de)	เหล้าองุ่นขาวซึ่งมี กลิ่นหอม	lâo a-ngùn khăao sêung mee glìn hŏrm
whisky (de)	เหล้าวิสกี้	lăo wít-sa -gêe
wodka (de)	เหล้าวอดก้า	lăo wórt-gâa
gin (de)	เหล้ายิน	lăo yin
cognac (de)	เหล้าคอนยัก	lăo khorn yák
rum (de)	เหล้ารัม	lăo ram
koffie (de)	กาแฟ	gaa-fae
zwarte koffie (de)	กาแฟดำ	gaa-fae dam
koffie (de) met melk	กาแฟใส่นม	gaa-fae sài nom
cappuccino (de)	กาแฟคาปูชิโน	gaa-fae khaa bpoo chí noh
oploskoffie (de)	กาแฟสำเร็จรูป	gaa-fae săm-rèt rôop

melk (de)	นม	nom
cocktail (de)	ค็อกเทล	khók-tayn
milkshake (de)	มิลค์เชค	min-châyk
sap (het)	น้ำผลไม้	nám phǒn-lá-máai
tomatensap (het)	น้ำมะเขือเทศ	nám má-khěua thâyt
sinaasappelsap (het)	น้ำส้ม	nám sôm
vers geperst sap (het)	น้ำผลไม้คั้นสด	nám phǒn-lá-máai khán sòt
bier (het)	เบียร์	bia
licht bier (het)	เบียร์ไลท์	bia lai
donker bier (het)	เบียร์ดาร์ค	bia dàak
thee (de)	ชา	chaa
zwarte thee (de)	ชาดำ	chaa dam
groene thee (de)	ชาเขียว	chaa khǐeow

54. Groenten

groenten (mv.)	ผัก	phàk
verse kruiden (mv.)	ผักใบเขียว	phàk bai khǐeow
tomaat (de)	มะเขือเทศ	má-khěua thâyt
augurk (de)	แตงกวา	dtaeng-gwaa
wortel (de)	แครอท	khae-rót
aardappel (de)	มันฝรั่ง	man fà-ràng
ui (de)	หัวหอม	hǔa hǒrm
knoflook (de)	กระเทียม	grà-thiam
kool (de)	กะหล่ำปลี	gà-làm bplee
bloemkool (de)	ดอกกะหล่ำ	dòrk gà-làm
spruitkool (de)	กะหล่ำดาว	gà-làm-daao
broccoli (de)	บร็อคโคลี่	bròrk-khoh-lêe
rode biet (de)	บีทรูท	bee-trôot
aubergine (de)	มะเขือยาว	má-khěua-yaao
courgette (de)	แตงซูคินี	dtaeng soo-khí-nee
pompoen (de)	ฟักทอง	fák-thorng
raap (de)	หัวผักกาด	hǔa-phàk-gàat
peterselie (de)	ผักชีฝรั่ง	phàk chee fà-ràng
dille (de)	ผักชีลาว	phàk-chee-laao
sla (de)	ผักกาดหอม	phàk gàat hǒrm
selderij (de)	คึ่นช่าย	khêun-châai
asperge (de)	หน่อไม้ฝรั่ง	nòr máai fà-ràng
spinazie (de)	ผักขม	phàk khǒm
erwt (de)	ถั่วลันเตา	thùa-lan-dtao
bonen (mv.)	ถั่ว	thùa
maïs (de)	ข้าวโพด	khâao-phôht
nierboon (de)	ถั่วรูปไต	thùa rôop dtai
peper (de)	พริกหยวก	phrík-yùak
radijs (de)	หัวไชเท้า	hǔa chai tháo
artisjok (de)	อาร์ติโชค	aa dtì chôhk

55. Vruchten. Noten

vrucht (de)	ผลไม้	phŏn-lá-máai
appel (de)	แอปเปิ้ล	àep-bpêrn
peer (de)	แพร	phae
citroen (de)	มะนาว	má-naao
sinaasappel (de)	ส้ม	sôm
aardbei (de)	สตรอว์เบอร์รี่	sà-dtror-ber-rêe
mandarijn (de)	ส้มแมนดาริน	sôm maen daa rin
pruim (de)	พลัม	phlam
perzik (de)	ลูกท้อ	lôok thór
abrikoos (de)	แอปริคอท	ae-bprì-khôrt
framboos (de)	ราสเบอร์รี่	râat-ber-rêe
ananas (de)	สับปะรด	sàp-bpà-rót
banaan (de)	กล้วย	glûay
watermeloen (de)	แตงโม	dtaeng moh
druif (de)	องุ่น	a-ngùn
zure kers (de)	เชอร์รี่	cher-rêe
zoete kers (de)	เชอร์รี่ป่า	cher-rêe bpàa
meloen (de)	เมลอน	may-lorn
grapefruit (de)	ส้มโอ	sôm oh
avocado (de)	อะโวคาโด	a-who-khaa-doh
papaja (de)	มะละกอ	má-lá-gor
mango (de)	มะม่วง	má-mûang
granaatappel (de)	ทับทิม	tháp-thim
rode bes (de)	เรดเคอร์แรนท์	râyt-khêr-raen
zwarte bes (de)	แบล็คเคอูรแรนท์	blàek khêr-raen
kruisbes (de)	กูสเบอร์รี่	gòot-ber-rêe
blauwe bosbes (de)	บิลเบอร์รี่	bil-ber-rêe
braambes (de)	แบล็คเบอร์รี่	blàek ber-rêe
rozijn (de)	ลูกเกด	lôok gàyt
vijg (de)	มะเดื่อฝรั่ง	má dèua fà-ràng
dadel (de)	ลูกอินทผลัม	lôok in-thá-plăm
pinda (de)	ถั่วลิสง	thùa-lí-sŏng
amandel (de)	อัลมอนด์	an-morn
walnoot (de)	วอลนัต	wor-lá-nát
hazelnoot (de)	เฮเซลนัท	hay sayn nát
kokosnoot (de)	มะพร้าว	má-phráao
pistaches (mv.)	ถั่วพิสตาชิโอ	thùa phít dtaa chí oh

56. Brood. Snoep

suikerbakkerij (de)	ขนม	khà-nŏm
brood (het)	ขนมปัง	khà-nŏm bpang
koekje (het)	คุกกี้	khúk-gêe
chocolade (de)	ช็อกโกแลต	chók-goh-láet
chocolade- (abn)	ช็อกโกแลต	chók-goh-láet

snoepje (het)	ลูกกวาด	lôok gwàat
cakeje (het)	ขนมเค้ก	khà-nŏm kháyk
taart (bijv. verjaardags~)	ขนมเค้ก	khà-nŏm kháyk

| pastei (de) | ขนมพาย | khà-nŏm phaai |
| vulling (de) | ไส้ในขนม | sâi nai khà-nŏm |

confituur (de)	แยม	yaem
marmelade (de)	แยมผิวส้ม	yaem phĭw sôm
wafel (de)	วาฟเฟิล	waaf-fern
ijsje (het)	ไอศกรีม	ai-sà-greem
pudding (de)	พุดดิ้ง	phút-dîng

57. Kruiden

zout (het)	เกลือ	gleua
gezouten (bn)	เค็ม	khem
zouten (ww)	ใส่เกลือ	sài gleua

zwarte peper (de)	พริกไทย	phrík thai
rode peper (de)	พริกแดง	phrík daeng
mosterd (de)	มัสตาร์ด	mát-dtàat
mierikswortel (de)	ฮอสแรดิช	hórt rae dìt

condiment (het)	เครื่องปรุงรส	khrêuang bprung rót
specerij, kruiderij (de)	เครื่องเทศ	khrêuang thâyt
saus (de)	ซูอส	sós
azijn (de)	น้ำสมสายชู	nám sôm sǎai choo

anijs (de)	เทียนสัตตบุษย์	thian-sàt-dtà-bùt
basilicum (de)	ใบโหระพา	bai hŏh rá phaa
kruidnagel (de)	กานพลู	gaan-phloo
gember (de)	ขิง	khĭng
koriander (de)	ผักชีลา	pàk-chee-laa
kaneel (de/het)	อบเชย	òp-choie

sesamzaad (het)	งา	ngaa
laurierblad (het)	ใบกระวาน	bai grà-waan
paprika (de)	พริกป่น	phrík bpòn
komijn (de)	เทียนตากบ	thian dtaa gòp
saffraan (de)	หญ้าฝรั่น	yâa fà-ràn

PERSOONLIJKE INFORMATIE. FAMILIE

58. Persoonlijke informatie. Formulieren

naam (de)	ชื่อ	chêu
achternaam (de)	นามสกุล	naam sà-gun
geboortedatum (de)	วันเกิด	wan gèrt
geboorteplaats (de)	สถานที่เกิด	sà-thăan thêe gèrt
nationaliteit (de)	สัญชาติ	săn-châat
woonplaats (de)	ที่อยู่อาศัย	thêe yòo aa-săi
land (het)	ประเทศ	bprà-thâyt
beroep (het)	อาชีพ	aa-chêep
geslacht (ov. het vrouwelijk ~)	เพศ	phâyt
lengte (de)	ความสูง	khwaam sŏong
gewicht (het)	น้ำหนัก	nám nàk

59. Familieleden. Verwanten

moeder (de)	มารดา	maan-daa
vader (de)	บิดา	bì-daa
zoon (de)	ลูกชาย	lôok chaai
dochter (de)	ลูกสาว	lôok săao
jongste dochter (de)	ลูกสาวคนเล็ก	lôok săao khon lék
jongste zoon (de)	ลูกชายคนเล็ก	lôok chaai khon lék
oudste dochter (de)	ลูกสาวคนโต	lôok săao khon dtoh
oudste zoon (de)	ลูกชายคนโต	lôok chaai khon dtoh
oudere broer (de)	พี่ชาย	phêe chaai
jongere broer (de)	น้องชาย	nórng chaai
oudere zuster (de)	พี่สาว	phêe săao
jongere zuster (de)	น้องสาว	nórng săao
neef (zoon van oom, tante)	ลูกพี่ลูกน้อง	lôok phêe lôok nórng
nicht (dochter van oom, tante)	ลูกพี่ลูกน้อง	lôok phêe lôok nórng
mama (de)	แม่	mâe
papa (de)	พ่อ	phôr
ouders (mv.)	พ่อแม่	phôr mâe
kind (het)	เด็ก, ลูก	dèk, lôok
kinderen (mv.)	เด็กๆ	dèk dèk
oma (de)	ย่า, ยาย	yâa, yaai
opa (de)	ปู่, ตา	bpòo, dtaa

kleinzoon (de)	หลานชาย	lăan chaai
kleindochter (de)	หลานสาว	lăan săao
kleinkinderen (mv.)	หลานๆ	lăan

oom (de)	ลุง	lung
tante (de)	ป้า	bpâa
neef (zoon van broer, zus)	หลานชาย	lăan chaai
nicht (dochter van broer, zus)	หลานสาว	lăan săao

schoonmoeder (de)	แม่ยาย	mâe yaai
schoonvader (de)	พ่อสามี	phôr săa-mee
schoonzoon (de)	ลูกเขย	lôok khŏie
stiefmoeder (de)	แม่เลี้ยง	mâe líang
stiefvader (de)	พ่อเลี้ยง	phôr líang

zuigeling (de)	ทารก	thaa-rók
wiegenkind (het)	เด็กเล็ก	dèk lék
kleuter (de)	เด็ก	dèk

vrouw (de)	ภรรยา	phan-rá-yaa
man (de)	สามี	săa-mee
echtgenoot (de)	สามี	săa-mee
echtgenote (de)	ภรรยา	phan-rá-yaa

gehuwd (mann.)	แต่งงานแล้ว	dtàeng ngaan láew
gehuwd (vrouw.)	แตงงานแลว	dtàeng ngaan láew
ongehuwd (mann.)	เป็นโสด	bpen sòht
vrijgezel (de)	ชายโสด	chaai sòht
gescheiden (bn)	หย่าแล้ว	yàa láew
weduwe (de)	แม่หม้าย	mâe mâai
weduwnaar (de)	พ่อหม้าย	phôr mâai

familielid (het)	ญาติ	yâat
dichte familielid (het)	ญาติใกล้ชิด	yâat glâi chít
verre familielid (het)	ญาติห่างๆ	yâat hàang hàang
familieleden (mv.)	ญาติๆ	yâat

wees (weesjongen)	เด็กชายกำพร้า	dèk chaai gam phráa
wees (weesmeisje)	เด็กหญิงกำพรา	dèk yĭng gam phráa
voogd (de)	ผู้ปกครอง	phôo bpòk khrorng
adopteren (een jongen te ~)	บุญธรรม	bun tham
adopteren (een meisje te ~)	บุญธรรม	bun tham

60. Vrienden. Collega's

vriend (de)	เพื่อน	phêuan
vriendin (de)	เพื่อน	phêuan
vriendschap (de)	มิตรภาพ	mít-dtrà-phâap
bevriend zijn (ww)	เป็นเพื่อน	bpen phêuan

makker (de)	เพื่อนสนิท	phêuan sà-nìt
vriendin (de)	เพื่อนสนิท	phêuan sà-nìt
partner (de)	หุ้นส่วน	hûn sùan
chef (de)	หัวหน้า	hŭa-nâa

baas (de)	ผู้บังคับบัญชา	phôo bang-kháp ban-chaa
eigenaar (de)	เจ้าของ	jâo khŏrng
ondergeschikte (de)	ลูกน้อง	lôok nórng
collega (de)	เพื่อนร่วมงาน	phêuan rûam ngaan
kennis (de)	ผู้คุ้นเคย	phôo khún khoie
medereiziger (de)	เพื่อนร่วมทาง	pêuan rûam thaang
klasgenoot (de)	เพื่อนรุ่น	phêuan rûn
buurman (de)	เพื่อนบ้านผู้ชาย	phêuan bâan pôo chaai
buurvrouw (de)	เพื่อนบ้านผู้หญิง	phêuan bâan phôo yĭng
buren (mv.)	เพื่อนบ้าน	phêuan bâan

MENSELIJK LICHAAM. GENEESKUNDE

61. Hoofd

hoofd (het)	หัว	hǔa
gezicht (het)	หน้า	nâa
neus (de)	จมูก	jà-mòok
mond (de)	ปาก	bpàak
oog (het)	ตา	dtaa
ogen (mv.)	ตา	dtaa
pupil (de)	รูม่านตา	roo mâan dtaa
wenkbrauw (de)	คิ้ว	khíw
wimper (de)	ขนตา	khǒn dtaa
ooglid (het)	เปลือกตา	bplèuak dtaa
tong (de)	ลิ้น	lín
tand (de)	ฟัน	fan
lippen (mv.)	ริมฝีปาก	rim fěe bpàak
jukbeenderen (mv.)	โหนกแก้ม	nòhk gâem
tandvlees (het)	เหงือก	ngèuak
gehemelte (het)	เพดานปาก	phay-daan bpàak
neusgaten (mv.)	รูจมูก	roo jà-mòok
kin (de)	คาง	khaang
kaak (de)	ขากรรไกร	khǎa gan-grai
wang (de)	แก้ม	gâem
voorhoofd (het)	หน้าผาก	nâa phàak
slaap (de)	ขมับ	khà-màp
oor (het)	หู	hǒo
achterhoofd (het)	หลังศีรษะ	lǎng sěe-sà
hals (de)	คอ	khor
keel (de)	ลำคอ	lam khor
haren (mv.)	ผม	phǒm
kapsel (het)	ทรงผม	song phǒm
haarsnit (de)	ทรงผม	song phǒm
pruik (de)	ผมปลอม	phǒm bplorm
snor (de)	หนวด	nùat
baard (de)	เครา	krao
dragen (een baard, enz.)	ลองไว้	lorng wái
vlecht (de)	ผมเปีย	phǒm bpia
bakkebaarden (mv.)	จอน	jorn
ros (roodachtig, rossig)	ผมแดง	phǒm daeng
grijs (~ haar)	ผมหงอก	phǒm ngòrk
kaal (bn)	หัวล้าน	hǔa láan
kale plek (de)	หัวล้าน	hǔa láan

| paardenstaart (de) | ผมทรงหางม้า | phŏm song hăang máa |
| pony (de) | ผมม้า | phŏm máa |

62. Menselijk lichaam

| hand (de) | มือ | meu |
| arm (de) | แขน | khăen |

vinger (de)	นิ้ว	níw
teen (de)	นิ้วเท้า	níw tháo
duim (de)	นิ้วโป้ง	níw bpôhng
pink (de)	นิ้วก้อย	níw gôi
nagel (de)	เล็บ	lép

vuist (de)	กำปั้น	gam bpân
handpalm (de)	ฝ่ามือ	fàa meu
pols (de)	ข้อมือ	khôr meu
voorarm (de)	แขนช่วงล่าง	khăen chûang lâang
elleboog (de)	ข้อศอก	khôr sòrk
schouder (de)	ไหล่	lài

been (rechter ~)	ขา	khăa
voet (de)	เท้า	tháo
knie (de)	หัวเข่า	hŭa khào
kuit (de)	น่อง	nôrng
heup (de)	สะโพก	sà-phôhk
hiel (de)	ส้นเท้า	sôn tháo

lichaam (het)	ร่างกาย	râang gaai
buik (de)	ท้อง	thórng
borst (de)	อก	òk
borst (de)	หน้าอก	nâa òk
zijde (de)	ข้าง	khâang
rug (de)	หลัง	lăng
lage rug (de)	หลังส่วนล่าง	lăng sùan lâang
taille (de)	เอว	eo

navel (de)	สะดือ	sà-deu
billen (mv.)	ก้น	gôn
achterwerk (het)	ก้น	gôn

huidvlek (de)	ไฝเสน่ห์	făi sà-này
moedervlek (de)	ปาน	bpaan
tatoeage (de)	รอยสัก	roi sàk
litteken (het)	แผลเป็น	phlăe bpen

63. Ziekten

ziekte (de)	โรค	rôhk
ziek zijn (ww)	ป่วย	bpùay
gezondheid (de)	สุขภาพ	sùk-khà-phâap
snotneus (de)	น้ำมูกไหล	nám môok lăi

angina (de)	ต่อมทอนซิลอักเสบ	dtòm thorn-sin àk-sàyp
verkoudheid (de)	หวัด	wàt
verkouden raken (ww)	เป็นหวัด	bpen wàt
bronchitis (de)	โรคหลอดลมอักเสบ	rôhk lòrt lom àk-sàyp
longontsteking (de)	โรคปอดบวม	rôhk bpòrt-buam
griep (de)	ไข้หวัดใหญ่	khâi wàt yài
bijziend (bn)	สายตาสั้น	sǎai dtaa sân
verziend (bn)	สายตายาว	sǎai dtaa yaao
scheelheid (de)	ตาเหล	dtaa làay
scheel (bn)	เป็นตาเหล่	bpen dtaa kǎy rěu làay
grauwe staar (de)	ต้อกระจก	dtôr grà-jòk
glaucoom (het)	ต้อหิน	dtôr hǐn
beroerte (de)	โรคหลอดเลือดสมอง	rôhk lòrt lêuat sà-mǒrng
hartinfarct (het)	อาการหัวใจวาย	aa-gaan hǔa jai waai
myocardiaal infarct (het)	กลามเนื้อหัวใจตายเหตุขาดเลือด	glâam néua hǔa jai dtaai hàyt khàat lêuat
verlamming (de)	อัมพาต	am-má-phâat
verlammen (ww)	ทำให้เป็นอัมพาต	tham hâi bpen am-má-phâat
allergie (de)	ภูมิแพ้	phoom pháe
astma (de/het)	โรคหืด	rôhk hèut
diabetes (de)	โรคเบาหวาน	rôhk bao wǎan
tandpijn (de)	อาการปวดฟัน	aa-gaan bpùat fan
tandbederf (het)	ฟันผุ	fan phù
diarree (de)	อาการท้องเสีย	aa-gaan thórng sǐa
constipatie (de)	อาการทองผูก	aa-gaan thórng phòok
maagstoornis (de)	อาการปวดท้อง	aa-gaan bpùat thórng
voedselvergiftiging (de)	ภาวะอาหารเป็นพิษ	phaa-wá aa hǎan bpen pít
voedselvergiftiging oplopen	กินอาหารเป็นพิษ	gin aa hǎan bpen phít
artritis (de)	โรคข้ออักเสบ	rôhk khôr àk-sàyp
rachitis (de)	โรคกระดูกออน	rôhk grà-dòok òrn
reuma (het)	โรครูมาติก	rôhk roo-maa-dtìk
arteriosclerose (de)	ภาวะหลอดเลือดแข็ง	phaa-wá lòrt lêuat khǎeng
gastritis (de)	โรคกระเพาะอาหาร	rôhk grà-phór aa-hǎan
blindedarmontsteking (de)	ไส้ติ่งอักเสบ	sâi dtìng àk-sàyp
galblaasontsteking (de)	โรคถุงน้ำดีอักเสบ	rôhk thǔng nám dee àk-sàyp
zweer (de)	แผลเปื่อย	phlǎe bpèuay
mazelen (mv.)	โรคหัด	rôhk hàt
rodehond (de)	โรคหัดเยอรมัน	rôhk hàt yer-rá-man
geelzucht (de)	โรคดีซาน	rôhk dee sâan
leverontsteking (de)	โรคตับอักเสบ	rôhk dtàp àk-sàyp
schizofrenie (de)	โรคจิตเภท	rôhk jìt-dtà-phâyt
dolheid (de)	โรคพิษสุนัขบ้า	rôhk phít sù-nák bâa
neurose (de)	โรคประสาท	rôhk bprà-sàat
hersenschudding (de)	สมองกระทบกระเทือน	sà-mǒrng grà-thóp grà-theuan
kanker (de)	มะเร็ง	má-reng

| sclerose (de) | กูรแข็งตัวของเนื้อเยื่อร่างกาย | gaan kăeng dtua kŏng néua yêua râang gaai |
| multiple sclerose (de) | โรคปลอกประสาทเสื่อมแข็ง | rôhk bplòk bprà-sàat sèuam kăeng |

alcoholisme (het)	โรคพิษสุราเรื้อรัง	rôhk phít sù-raa réua rang
alcoholicus (de)	คนขี้เหล้า	khon khêe lâo
syfilis (de)	โรคซิฟิลิส	rôhk sí-fí-lít
AIDS (de)	โรคเอดส์	rôhk àyt

tumor (de)	เนื้องอก	néua ngôk
kwaadaardig (bn)	ร้าย	ráai
goedaardig (bn)	ไม่ร้าย	mâi ráai

koorts (de)	ไข้	khâi
malaria (de)	ไข้มาลาเรีย	kâi maa-laa-ria
gangreen (het)	เนื้อตายเน่า	néua dtaai nâo
zeeziekte (de)	ภาวะเมาคลื่น	phaa-wá mao khlêun
epilepsie (de)	โรคลมบ้าหมู	rôhk lom bâa-mŏo

epidemie (de)	โรคระบาด	rôhk rá-bàat
tyfus (de)	โรครากสาดใหญ่	rôhk râak-sàat yài
tuberculose (de)	วัณโรค	wan-ná-rôhk
cholera (de)	อหิวาตกโรค	a-hì-wâat-gà-rôhk
pest (de)	กาฬโรค	gaan-lá-rôhk

64. Symptomen. Behandelingen. Deel 1

symptoom (het)	อาการ	aa-gaan
temperatuur (de)	อุณหภูมิ	un-hà-phoom
verhoogde temperatuur (de)	อุณหภูมิสูง	un-hà-phoom sŏong
polsslag (de)	ชีพจร	chêep-phá-jon

duizeling (de)	อาการเวียนหัว	aa-gaan wian hŭa
heet (erg warm)	ร้อน	rórn
koude rillingen (mv.)	หนาวสั่น	năao sàn
bleek (bn)	หน้าเซียว	nâa sieow

hoest (de)	การไอ	gaan ai
hoesten (ww)	ไอ	ai
niezen (ww)	จาม	jaam
flauwte (de)	การเป็นลม	gaan bpen lom
flauwvallen (ww)	เป็นลม	bpen lom

blauwe plek (de)	ฟกช้ำ	fók chám
buil (de)	บวม	buam
zich stoten (ww)	ชน	chon
kneuzing (de)	รอยฟกช้ำ	roi fók chám
kneuzen (gekneusd zijn)	ได้รอยช้ำ	dâai roi chám

hinken (ww)	กะโผลกกะเผลก	gà-phlòhk-gà-phlàyk
verstuiking (de)	ข้อหลุด	khôr lùt
verstuiken (enkel, enz.)	ทำข้อหลุด	tham khôr lùt
breuk (de)	กระดูกหัก	grà-dòok hàk

een breuk oplopen	หักกระดูก	hàk grà-dòok
snijwond (de)	รอยบาด	roi bàat
zich snijden (ww)	ทำบาด	tham bàat
bloeding (de)	การเลือดไหล	gaan lêuat lăi

brandwond (de)	แผลไฟไหม้	phlăe fai mâi
zich branden (ww)	ได้รับแผลไฟไหม้	dâai ráp phlăe fai mâi

prikken (ww)	ตำ	dtam
zich prikken (ww)	ตำตัวเอง	dtam dtua ayng
blesseren (ww)	ทำให้บาดเจ็บ	tham hâi bàat jèp
blessure (letsel)	การบาดเจ็บ	gaan bàat jèp
wond (de)	แผล	phlăe
trauma (het)	แผลบาดเจ็บ	phlăe bàat jèp

ijlen (ww)	คลุ้มคลั่ง	khlúm khlâng
stotteren (ww)	พูดตะกุกตะกัก	phôot dtà-gùk-dtà-gàk
zonnesteek (de)	โรคลมแดด	rôhk lom dàet

65. Symptomen. Behandelingen. Deel 2

pijn (de)	ความเจ็บปวด	khwaam jèp bpùat
splinter (de)	เสี้ยน	sîan

zweet (het)	เหงื่อ	ngèua
zweten (ww)	เหงื่อออก	ngèua òrk
braking (de)	การอาเจียน	gaan aa-jian
stuiptrekkingen (mv.)	การชัก	gaan chák

zwanger (bn)	ตั้งครรภ์	dtâng khan
geboren worden (ww)	เกิด	gèrt
geboorte (de)	การคลอด	gaan khlôrt
baren (ww)	คลอดบุตร	khlôrt bùt
abortus (de)	การแท้งบุตร	gaan tháeng bùt

ademhaling (de)	การหายใจ	gaan hăai-jai
inademing (de)	การหายใจเข้า	gaan hăai-jai khâo
uitademing (de)	การหายใจออก	gaan hăai-jai òrk
uitademen (ww)	หายใจออก	hăai-jai òrk
inademen (ww)	หายใจเข้า	hăai-jai khâo

invalide (de)	คนพิการ	khon phí-gaan
gehandicapte (de)	พิการ	phí-gaan
drugsverslaafde (de)	ผู้ติดยาเสพติด	phôo dtìt yaa-sàyp-dtìt

doof (bn)	หูหนวก	hŏo nùak
stom (bn)	เป็นใบ้	bpen bâi
doofstom (bn)	หูหนวกเป็นใบ้	hŏo nùak bpen bâi

krankzinnig (bn)	บ้า	bâa
krankzinnige (man)	คนบ้า	khon bâa
krankzinnige (vrouw)	คนบ้า	khon bâa
krankzinnig worden	เสียสติ	sĭa sà-dtì
gen (het)	ยีน	yeun

immuniteit (de)	ภูมิคุ้มกัน	phoom khúm gan
erfelijk (bn)	เป็นกรรมพันธุ์	bpen gam-má-phan
aangeboren (bn)	แต่กำเนิด	dtàe gam-nèrt

virus (het)	เชื้อไวรัส	chéua wai-rát
microbe (de)	จุลินทรีย์	jù-lin-see
bacterie (de)	แบคทีเรีย	bàek-tee-ria
infectie (de)	การติดเชื้อ	gaan dtìt chéua

66. Symptomen. Behandelingen. Deel 3

| ziekenhuis (het) | โรงพยาบาล | rohng phá-yaa-baan |
| patiënt (de) | ผู้ป่วย | phôo bpùay |

diagnose (de)	การวินิจฉัยโรค	gaan wí-nít-chăi rôhk
genezing (de)	การรักษา	gaan rák-săa
medische behandeling (de)	การรักษา ทางการแพทย์	gaan rák-săa thaang gaan phâet
onder behandeling zijn	รับการรักษา	ráp gaan rák-săa
behandelen (ww)	รักษา	rák-săa

| zorgen (zieken ~) | รักษา | rák-săa |
| ziekenzorg (de) | การดูแลรักษา | gaan doo lae rák-săa |

operatie (de)	การผ่าตัด	gaan phàa dtàt
verbinden (een arm ~)	พันแผล	phan phlăe
verband (het)	การพันแผล	gaan phan phlăe

| vaccin (het) | การฉีดวัคซีน | gaan chèet wák-seen |
| inenten (vaccineren) | ฉีดวัคซีน | chèet wák-seen |

| injectie (de) | การฉีดยา | gaan chèet yaa |
| een injectie geven | ฉีดยา | chèet yaa |

aanval (de)	มีอาการเฉียบพลัน	mee aa-gaan chìap phlan
amputatie (de)	การตัดอวัยวะออก	gaan dtàt a-wai-wá òrk
amputeren (ww)	ตัด	dtàt
coma (het)	อาการโคม่า	aa-gaan khoh-mâa

| in coma liggen | อยู่ในอาการโคม่า | yòo nai aa-gaan khoh-mâa |
| intensieve zorg, ICU (de) | หน่วยอภิบาล | nùay à-phí-baan |

| zich herstellen (ww) | ฟื้นตัว | féun dtua |
| toestand (de) | อาการ | aa-gaan |

| bewustzijn (het) | สติสัมปชัญญะ | sà-dtì săm-bpà-chan-yá |
| geheugen (het) | ความทรงจำ | khwaam song jam |

trekken (een kies ~)	ถอน	thŏrn
vulling (de)	การอุด	gaan ùt
vullen (ww)	อุด	ùt

| hypnose (de) | การสะกดจิต | gaan sà-gòt jìt |
| hypnotiseren (ww) | สะกดจิต | sà-gòt jìt |

67. Geneeskunde. Medicijnen. Accessoires

geneesmiddel (het)	ยา	yaa
middel (het)	ยา	yaa
voorschrijven (ww)	จ่ายยา	jàai yaa
recept (het)	ใบสั่งยา	bai sàng yaa
tablet (de/het)	ยาเม็ด	yaa mét
zalf (de)	ยาทา	yaa thaa
ampul (de)	หลอดยา	lòrt yaa
drank (de)	ยาส่วนผสม	yaa sùan phà-sŏm
siroop (de)	น้ำเชื่อม	nám chêuam
pil (de)	ยาเม็ด	yaa mét
poeder (de/het)	ยาผง	yaa phŏng
verband (het)	ผ้าพันแผล	phâa phan phlăe
watten (mv.)	สำลี	sǎm-lee
jodium (het)	ไอโอดีน	ai oh-deen
pleister (de)	พลาสเตอร์	phláat-dtêr
pipet (de)	ที่หยอดตา	thêe yòrt dtaa
thermometer (de)	ปรอท	bpa -ròrt
spuit (de)	เข็มฉีดยา	khĕm chèet-yaa
rolstoel (de)	รถเข็นคนพิการ	rót khĕn khon phí-gaan
krukken (mv.)	ไม้ค้ำยัน	máai khám yan
pijnstiller (de)	ยาแก้ปวด	yaa gâe bpùat
laxeermiddel (het)	ยาระบาย	yaa rá-baai
spiritus (de)	เอธานอล	ay-thaa-norn
medicinale kruiden (mv.)	สมุนไพร ทางการแพทย์	sà-mŭn phrai thaang gaan phâet
kruiden- (abn)	สมุนไพร	sà-mŭn phrai

APPARTEMENT

68. Appartement

appartement (het)	อพาร์ตเมนต์	a-phâat-mayn
kamer (de)	ห้อง	hôrng
slaapkamer (de)	ห้องนอน	hôrng norn
eetkamer (de)	ห้องรับประทาน อาหาร	hôrng ráp bprà-thaan aa-hăan
salon (de)	ห้องนั่งเล่น	hôrng nâng lên
studeerkamer (de)	ห้องทำงาน	hôrng tham ngaan
gang (de)	ห้องเข้า	hôrng khâo
badkamer (de)	ห้องน้ำ	hôrng náam
toilet (het)	ห้องส้วม	hôrng sûam
plafond (het)	เพดาน	phay-daan
vloer (de)	พื้น	phéun
hoek (de)	มุม	mum

69. Meubels. Interieur

meubels (mv.)	เครื่องเรือน	khrêuang reuan
tafel (de)	โต๊ะ	dtó
stoel (de)	เก้าอี้	gâo-êe
bed (het)	เตียง	dtiang
bankstel (het)	โซฟา	soh-faa
fauteuil (de)	เก้าอี้เท้าแขน	gâo-êe tháo khăen
boekenkast (de)	ตู้หนังสือ	dtôo năng-sĕu
boekenrek (het)	ชั้นวาง	chán waang
kledingkast (de)	ตู้เสื้อผ้า	dtôo sêua phâa
kapstok (de)	ที่แขวนเสื้อ	thêe khwăen sêua
staande kapstok (de)	ไม้แขวนเสื้อ	mái khwăen sêua
commode (de)	ตู้ลิ้นชัก	dtôo lín chák
salontafeltje (het)	โต๊ะกาแฟ	dtó gaa-fae
spiegel (de)	กระจก	grà-jòk
tapijt (het)	พรม	phrom
tapijtje (het)	พรมเช็ดเท้า	phrom chét tháo
haard (de)	เตาผิง	dtao phĭng
kaars (de)	เทียน	thian
kandelaar (de)	เชิงเทียน	cherng thian
gordijnen (mv.)	ผ้าแขวน	phâa khwăen
behang (het)	วอลเปเปอร์	worn-bpay-bper

jaloezie (de)	บานเกล็ดหน้าต่าง	baan glèt nâa dtàang
bureaulamp (de)	โคมไฟตั้งโต๊ะ	khohm fai dtâng dtó
wandlamp (de)	ไฟติดผนัง	fai dtìt phà-nǎng
staande lamp (de)	โคมไฟตั้งพื้น	khohm fai dtâng phéun
luchter (de)	โคมระย้า	khohm rá-yáa

poot (ov. een tafel, enz.)	ขา	khǎa
armleuning (de)	ที่พักแขน	thêe phák khǎen
rugleuning (de)	พนักพิง	phá-nák phing
la (de)	ลิ้นชัก	lín chák

70. Beddengoed

beddengoed (het)	ชุดผ้าปูที่นอน	chút phâa bpoo thêe norn
kussen (het)	หมอน	mǒrn
kussenovertrek (de)	ปลอกหมอน	bplòk mǒrn
deken (de)	ผ้าห่วย	phâa phǔay
laken (het)	ผ้าปู	phâa bpoo
sprei (de)	ผ้าคลุมเตียง	phâa khlum dtiang

71. Keuken

keuken (de)	ห้องครัว	hôrng khrua
gas (het)	แก๊ส	gáet
gasfornuis (het)	เตาแก๊ส	dtao gàet
elektrisch fornuis (het)	เตาไฟฟ้า	dtao fai-fáa
oven (de)	เตาอบ	dtao òp
magnetronoven (de)	เตาอบไมโครเวฟ	dtao òp mai-khroh-we p

koelkast (de)	ตู้เย็น	dtôo yen
diepvriezer (de)	ตู้แช่แข็ง	dtôo châe khǎeng
vaatwasmachine (de)	เครื่องล้างจาน	khrêuang láang jaan

vleesmolen (de)	เครื่องบดเนื้อ	khrêuang bòt néua
vruchtenpers (de)	เครื่องคั้น	khrêuang khán
	น้ำผลไม้	náam phǒn-lá-mái
toaster (de)	เครื่องปิ้ง	khrêuang bpîng
	ขนมปัง	khà-nǒm bpang
mixer (de)	เครื่องปั่น	khrêuang bpàn

koffiemachine (de)	เครื่องชงกาแฟ	khrêuang chong gaa-fae
koffiepot (de)	หม้อกาแฟ	môr gaa-fae
koffiemolen (de)	เครื่องบดกาแฟ	khrêuang bòt gaa-fae

fluitketel (de)	กาน้ำ	gaa náam
theepot (de)	กาน้ำชา	gaa náam chaa
deksel (de/het)	ฝา	fǎa
theezeefje (het)	ที่กรองชา	thêe grorng chaa

lepel (de)	ช้อน	chórn
theelepeltje (het)	ช้อนชา	chórn chaa
eetlepel (de)	ช้อนซุป	chórn súp

| vork (de) | ส้อม | sôrm |
| mes (het) | มีด | mêet |

vaatwerk (het)	ถ้วยชาม	thûay chaam
bord (het)	จาน	jaan
schoteltje (het)	จานรอง	jaan rorng

likeurglas (het)	แก้วช็อต	gâew chórt
glas (het)	แก้ว	gâew
kopje (het)	ถ้วย	thûay

suikerpot (de)	โถน้ำตาล	thŏh náam dtaan
zoutvat (het)	กระปุกเกลือ	grà-bpùk gleua
pepervat (het)	กระปุกพริกไท	grà-bpùk phrík thai
boterschaaltje (het)	ที่ใส่เนย	thêe sài noie

pan (de)	หม้อต้ม	môr dtôm
bakpan (de)	กระทะ	grà-thá
pollepel (de)	กระบวย	grà-buay
vergiet (de/het)	กระชอน	grà chorn
dienblad (het)	ถาด	thàat

fles (de)	ขวด	khùat
glazen pot (de)	ขวดโหล	khùat lŏh
blik (conserven~)	กระป๋อง	grà-bpŏrng

flesopener (de)	ที่เปิดขวด	thêe bpèrt khùat
blikopener (de)	ที่เปิดกระป๋อง	thêe bpèrt grà-bpŏrng
kurkentrekker (de)	ที่เปิดจุก	thêe bpèrt jùk
filter (de/het)	ที่กรอง	thêe grorng
filteren (ww)	กรอง	grorng

| huisvuil (het) | ขยะ | khà-yà |
| vuilnisemmer (de) | ถังขยะ | thăng khà-yà |

72. Badkamer

badkamer (de)	ห้องน้ำ	hôrng náam
water (het)	น้ำ	nám
kraan (de)	ก๊อกน้ำ	gòk náam
warm water (het)	น้ำร้อน	nám rórn
koud water (het)	น้ำเย็น	nám yen

tandpasta (de)	ยาสีฟัน	yaa sĕe fan
tanden poetsen (ww)	แปรงฟัน	bpraeng fan
tandenborstel (de)	แปรงสีฟัน	bpraeng sĕe fan

zich scheren (ww)	โกน	gohn
scheercrème (de)	โฟมโกนหนวด	fohm gohn nùat
scheermes (het)	มีดโกน	mêet gohn

wassen (ww)	ล้าง	láang
een bad nemen	อาบ	àap
douche (de)	ฝักบัว	fàk bua

74

een douche nemen	อาบน้ำฝักบัว	àap náam fàk bua
bad (het)	อ่างอาบน้ำ	àang àap náam
toiletpot (de)	โถชักโครก	thŏh chák khrôhk
wastafel (de)	อ่างล้างหน้า	àang láang-nâa

| zeep (de) | สบู่ | sà-bòo |
| zeepbakje (het) | ที่ใส่สบู่ | thêe sài sà-bòo |

spons (de)	ฟองน้ำ	forng náam
shampoo (de)	แชมพู	chaem-phoo
handdoek (de)	ผ้าเช็ดตัว	phâa chét dtua
badjas (de)	เสื้อคลุมอาบน้ำ	sêua khlum àap náam

was (bijv. handwas)	การซักผ้า	gaan sák phâa
wasmachine (de)	เครื่องซักผ้า	khrêuang sák phâa
de was doen	ซักผ้า	sák phâa
waspoeder (de)	ผงซักฟอก	phŏng sák-fôrk

73. Huishoudelijke apparaten

televisie (de)	ทีวี	thee-wee
cassettespeler (de)	เครื่องบันทึกเทป	khrêuang ban-théuk thâyp
videorecorder (de)	เครื่องบันทึก วิดีโอ	khrêuang ban-théuk wí-dee-oh

| radio (de) | วิทยุ | wít-thá-yú |
| speler (de) | เครื่องเล่น | khrêuang lên |

videoprojector (de)	โปรเจ็คเตอร์	bproh-jèk-dtêr
home theater systeem (het)	เครื่องฉายภาพ ยนตร์ที่บ้าน	khhrêuang chǎai phâap-phá yon thêe bâan
DVD-speler (de)	เครื่องเล่น DVD	khrêuang lên dee-wee-dee
versterker (de)	เครื่องขยายเสียง	khrêuang khà-yǎai sǐang
spelconsole (de)	เครื่องเกมคอนโซล	khrêuang gaym khorn sohn

videocamera (de)	กล้องถ่ายวิดีโอ	glôrng thàai wí-dee-oh
fotocamera (de)	กล้องถ่ายรูป	glôrng thàai rôop
digitale camera (de)	กล้องดิจิตอล	glôrng dì-jì-dton

stofzuiger (de)	เครื่องดูดฝุ่น	khrêuang dòot fùn
strijkijzer (het)	เตารีด	dtao rêet
strijkplank (de)	กระดานรองรีด	grà-daan rorng rêet

telefoon (de)	โทรศัพท์	thoh-rá-sàp
mobieltje (het)	มือถือ	meu thěu
schrijfmachine (de)	เครื่องพิมพ์ดีด	khrêuang phim dèet
naaimachine (de)	จักรเย็บผ้า	jàk yép phâa

microfoon (de)	ไมโครโฟน	mai-khroh-fohn
koptelefoon (de)	หูฟัง	hǒo fang
afstandsbediening (de)	รีโมตทีวี	ree môht thee wee

CD (de)	CD	see-dee
cassette (de)	เทป	thâyp
vinylplaat (de)	จานเสียง	jaan sǐang

DE AARDE. WEER

74. De kosmische ruimte

kosmos (de)	อวกาศ	a-wá-gàat
kosmisch (bn)	ทางอวกาศ	thang a-wá-gàat
kosmische ruimte (de)	อวกาศ	a-wá-gàat
wereld (de)	โลก	lôhk
heelal (het)	จักรวาล	jàk-grà-waan
sterrenstelsel (het)	ดาราจักร	daa-raa jàk
ster (de)	ดาว	daao
sterrenbeeld (het)	กลุ่มดาว	glùm daao
planeet (de)	ดาวเคราะห์	daao khrór
satelliet (de)	ดาวเทียม	daao thiam
meteoriet (de)	ดาวตก	daao dtòk
komeet (de)	ดาวหาง	daao hǎang
asteroïde (de)	ดาวเคราะห์น้อย	daao khrór nói
baan (de)	วงโคจร	wong khoh-jon
draaien (om de zon, enz.)	เวียน	wian
atmosfeer (de)	บรรยากาศ	ban-yaa-gàat
Zon (de)	ดวงอาทิตย์	duang aa-thít
zonnestelsel (het)	ระบบสุริยะ	rá-bòp sù-rí-yá
zonsverduistering (de)	สุริยุปราคา	sù-rí-yú-bpà-raa-kaa
Aarde (de)	โลก	lôhk
Maan (de)	ดวงจันทร์	duang jan
Mars (de)	ดาวอังคาร	daao ang-khaan
Venus (de)	ดาวศุกร์	daao sùk
Jupiter (de)	ดาวพฤหัส	daao phá-réu-hàt
Saturnus (de)	ดาวเสาร์	daao sǎo
Mercurius (de)	ดาวพุธ	daao phút
Uranus (de)	ดาวยูเรนัส	daao-yoo-ray-nát
Neptunus (de)	ดาวเนปจูน	daao-nâyp-joon
Pluto (de)	ดาวพลูโต	daao phloo-dtoh
Melkweg (de)	ทางช้างเผือก	thaang cháang phèuak
Grote Beer (de)	กลุ่มดาวหมีใหญ่	glùm daao měe yài
Poolster (de)	ดาวเหนือ	daao něua
marsmannetje (het)	ชาวดาวอังคาร	chaao daao ang-khaan
buitenaards wezen (het)	มนุษย์ต่างดาว	má-nút dtàang daao
bovenaards (het)	มนุษย์ต่างดาว	má-nút dtàang daao
vliegende schotel (de)	จานบิน	jaan bin

ruimtevaartuig (het)	ยานอวกาศ	yaan a-wá-gàat
ruimtestation (het)	สถานีอวกาศ	sà-thǎa-nee a-wá-gàat
start (de)	การปลอยจรวด	gaan bplòi jà-rùat

motor (de)	เครื่องยนต์	khrêuang yon
straalpijp (de)	ทอไอพน	thôr ai phôn
brandstof (de)	เชื้อเพลิง	chéua phlerng

| cabine (de) | ที่นั่งคนขับ | thêe nâng khon khàp |
| antenne (de) | เสาอากาศ | sǎo aa-gàat |

patrijspoort (de)	ชอง	chôrng
zonnebatterij (de)	อุปกรณ์พลังงานแสงอาทิตย	ù-bpà-gon phá-lang ngaan sǎeng aa-thít
ruimtepak (het)	ชุดอวกาศ	chút a-wá-gàat

| gewichtloosheid (de) | สภาพไร้น้ำหนัก | sà-phâap rái nám nàk |
| zuurstof (de) | อ็อกซิเจน | ók sí jayn |

| koppeling (de) | การเทียบทา | gaan thîap thâa |
| koppeling maken | เทียบทา | thîap thâa |

| observatorium (het) | หอดูดาว | hǒr doo daao |
| telescoop (de) | กลองโทรทรรศน์ | glôrng thoh-rá-thát |

| waarnemen (ww) | เฝ้าสังเกต | fâo sǎng-gàyt |
| exploreren (ww) | สำรวจ | sǎm-rùat |

75. De Aarde

Aarde (de)	โลก	lôhk
aardbol (de)	ลูกโลก	lôok lôhk
planeet (de)	ดาวเคราะห์	daao khrór

atmosfeer (de)	บรรยากาศ	ban-yaa-gàat
aardrijkskunde (de)	ภูมิศาสตร	phoo-mí-sàat
natuur (de)	ธรรมชาติ	tham-má-châat

wereldbol (de)	ลูกโลก	lôok lôhk
kaart (de)	แผนที่	phǎen thêe
atlas (de)	หนังสือแผนที่โลก	nǎng-sěu phǎen thêe lôhk

| Europa (het) | ยุโรป | yú-ròhp |
| Azië (het) | เอเชีย | ay-chia |

| Afrika (het) | แอฟริกา | àef-rí-gaa |
| Australië (het) | ออสเตรเลีย | òrt-dtray-lia |

Amerika (het)	อเมริกา	a-may-rí-gaa
Noord-Amerika (het)	อเมริกาเหนือ	a-may-rí-gaa něua
Zuid-Amerika (het)	อเมริกาใต้	a-may-rí-gaa dtâi

| Antarctica (het) | แอนตาร์กติกา | aen-dtàak-dtì-gaa |
| Arctis (de) | อารกติค | àak-dtìk |

76. Windrichtingen

noorden (het)	เหนือ	něua
naar het noorden	ทิศเหนือ	thít něua
in het noorden	ที่ภาคเหนือ	thêe phâak něua
noordelijk (bn)	ทางเหนือ	thaang něua
zuiden (het)	ใต้	dtâi
naar het zuiden	ทิศใต้	thít dtâi
in het zuiden	ที่ภาคใต้	thêe phâak dtâi
zuidelijk (bn)	ทางใต้	thaang dtâi
westen (het)	ตะวันตก	dtà-wan dtòk
naar het westen	ทิศตะวันตก	thít dtà-wan dtòk
in het westen	ที่ภาคตะวันตก	thêe phâak dtà-wan dtòk
westelijk (bn)	ทางตะวันตก	thaang dtà-wan dtòk
oosten (het)	ตะวันออก	dtà-wan òrk
naar het oosten	ทิศตะวันออก	thít dtà-wan òrk
in het oosten	ที่ภาคตะวันออก	thêe phâak dtà-wan òrk
oostelijk (bn)	ทางตะวันออก	thaang dtà-wan òrk

77. Zee. Oceaan

zee (de)	ทะเล	thá-lay
oceaan (de)	มหาสมุทร	má-hǎa sà-mùt
golf (baai)	อ่าว	àao
straat (de)	ช่องแคบ	chôrng khâep
grond (vaste grond)	พื้นดิน	phéun din
continent (het)	ทวีป	thá-wêep
eiland (het)	เกาะ	gòr
schiereiland (het)	คาบสมุทร	khâap sà-mùt
archipel (de)	หมู่เกาะ	mòo gòr
baai, bocht (de)	อ่าว	àao
haven (de)	ท่าเรือ	thâa reua
lagune (de)	ลากูน	laa-goon
kaap (de)	แหลม	lǎem
atol (de)	อะทอลล์	à-thorn
rif (het)	แนวปะการัง	naew bpà-gaa-rang
koraal (het)	ปะการัง	bpà gaa-rang
koraalrif (het)	แนวปะการัง	naew bpà-gaa-rang
diep (bn)	ลึก	léuk
diepte (de)	ความลึก	khwaam léuk
diepzee (de)	หุบเหวลึก	hùp wǎy léuk
trog (bijv. Marianentrog)	ร่องลึกก้นสมุทร	rông léuk gôn sà-mùt
stroming (de)	กระแสน้ำ	grà-sǎe náam
omspoelen (ww)	ลอมรอบ	lórm rôrp

| oever (de) | ชายฝั่ง | chaai fàng |
| kust (de) | ชายฝั่ง | chaai fàng |

vloed (de)	น้ำขึ้น	náam khêun
eb (de)	น้ำลง	náam long
ondiepte (ondiep water)	หาดตื้น	hàat dtêun
bodem (de)	กนทะเล	gôn thá-lay

golf (hoge ~)	คลื่น	khlêun
golfkam (de)	มวนคลื่น	múan khlêun
schuim (het)	ฟองคลื่น	forng khlêun

storm (de)	พายุ	phaa-yú
orkaan (de)	พายุเฮอร์ริเคน	phaa-yú her-rí-khayn
tsunami (de)	คลื่นยักษ์	khlêun yák
windstilte (de)	ภาวะไร้ลมพัด	phaa-wá rái lom phát
kalm (bijv. ~e zee)	สงบ	sà-ngòp

| pool (de) | ขั้วโลก | khûa lôhk |
| polair (bn) | ขั้วโลก | khûa lôhk |

breedtegraad (de)	เส้นรุ้ง	sên rúng
lengtegraad (de)	เสูนแวง	sên waeng
parallel (de)	เสูนขนาน	sên khà-năan
evenaar (de)	เสนศูนย์สูตร	sên sŏon sòot

hemel (de)	ท้องฟ้า	thórng fáa
horizon (de)	ขอบฟ้า	khòrp fáa
lucht (de)	อากาศ	aa-gàat

vuurtoren (de)	ประภาคาร	bprà-phaa-khaan
duiken (ww)	ดำ	dam
zinken (ov. een boot)	จม	jom
schatten (mv.)	สมบัติ	sŏm-bàt

78. Namen van zeeën en oceanen

Atlantische Oceaan (de)	มหาสมุทรแอตแลนติก	má-hăa sà-mùt àet-laen-dtìk
Indische Oceaan (de)	มหาสมุทรอินเดีย	má-hăa sà-mùt in-dia
Stille Oceaan (de)	มหาสมุทรแปซิฟิก	má-hăa sà-mùt bpae-sí-fík
Noordelijke IJszee (de)	มหาสมุทรอาร์คติก	má-hăa sà-mùt aa-ká-dtìk

Zwarte Zee (de)	ทะเลดำ	thá-lay dam
Rode Zee (de)	ทะเลแดง	thá-lay daeng
Gele Zee (de)	ทะเลเหลือง	thá-lay lĕuang
Witte Zee (de)	ทะเลขาว	thá-lay khăao

Kaspische Zee (de)	ทะเลแคสเปียน	thá-lay khâet-bpian
Dode Zee (de)	ทะเลเดดซี	thá-lay dàyt-see
Middellandse Zee (de)	ทะเลเมดิเตอร์เรเนียน	thá-lay may-dì-dtêr-ray-nian

Egeïsche Zee (de)	ทะเลเอเจี้ยน	thá-lay ay-jîan
Adriatische Zee (de)	ทะเลเอเดรียติก	thá-lay ay-day-ree-yá-dtìk
Arabische Zee (de)	ทะเลอาหรับ	thá-lay aa-ràp

Japanse Zee (de)	ทะเลญี่ปุ่น	thá-lay yêe-bpùn
Beringzee (de)	ทะเลเบริง	thá-lay bae-rîng
Zuid-Chinese Zee (de)	ทะเลจีนใต้	thá-lay jeen-dtâi
Koraalzee (de)	ทะเลคอรัล	thá-lay khor-ran
Tasmanzee (de)	ทะเลแทสมัน	thá-lay thâet man
Caribische Zee (de)	ทะเลแคริบเบียน	thá-lay khae-ríp-bian
Barentszzee (de)	ทะเลบาเรนท์	thá-lay baa-rayn
Karische Zee (de)	ทะเลคารา	thá-lay khaa-raa
Noordzee (de)	ทะเลเหนือ	thá-lay nĕua
Baltische Zee (de)	ทะเลบอลติก	thá-lay bon-dtìk
Noorse Zee (de)	ทะเลนอรเวย์	thá-lay nor-rá-way

79. Bergen

berg (de)	ภูเขา	phoo khăo
bergketen (de)	ทิวเขา	thiw khăo
gebergte (het)	สันเขา	săn khăo
bergtop (de)	ยอดเขา	yôrt khăo
bergpiek (de)	ยอด	yôrt
voet (ov. de berg)	ตีนเขา	dteun khăo
helling (de)	ไหลเขา	lài khăo
vulkaan (de)	ภูเขาไฟ	phoo khăo fai
actieve vulkaan (de)	ภูเขาไฟมีพลัง	phoo khăo fai mee phá-lang
uitgedoofde vulkaan (de)	ภูเขาไฟที่ดับแล้ว	phoo khăo fai thêe dàp láew
uitbarsting (de)	ภูเขาไฟระเบิด	phoo khăo fai rá-bèrt
krater (de)	ปล่องภูเขาไฟ	bplòng phoo khăo fai
magma (het)	หินหนืด	hĭn nèut
lava (de)	ลาวา	laa-waa
gloeiend (~e lava)	หลอมเหลว	lŏrm lĕo
kloof (canyon)	หุบเขาลึก	hùp khăo léuk
bergkloof (de)	ซองเขา	chôrng khăo
spleet (de)	รอยแตกภูเขา	roi dtàek phoo khăo
afgrond (de)	หุบเหวลึก	hùp wăy léuk
bergpas (de)	ทางผ่าน	thaang phàan
plateau (het)	ที่ราบสูง	thêe râap sŏong
klip (de)	หน้าผา	nâa phăa
heuvel (de)	เนินเขา	nern khăo
gletsjer (de)	ธารน้ำแข็ง	thaan náam khăeng
waterval (de)	น้ำตก	nám dtòk
geiser (de)	น้ำพุร้อน	nám phú rórn
meer (het)	ทะเลสาบ	thá-lay sàap
vlakte (de)	ที่ราบ	thêe râap
landschap (het)	ภูมิทัศน์	phoom thát
echo (de)	เสียงสะท้อน	sĭang sà-thón

alpinist (de)	นักปีนเขา	nák bpeen khǎo
bergbeklimmer (de)	นักไต่เขา	nák dtài khǎo
trotseren (berg ~)	ไต่เขาถึงยอด	dtài khǎo thěung yôt
beklimming (de)	การปีนเขา	gaan bpeen khǎo

80. Bergen namen

Alpen (de)	เทือกเขาแอลป์	thêuak-khǎo-aen
Mont Blanc (de)	ยอดเขามงบล็อง	yôt khǎo mong-bà-lǒng
Pyreneeën (de)	เทือกเขาไพรินีส	thêuak khǎo pai-ree-nêet
Karpaten (de)	เทือกเขาคาร์เพเทียน	thêuak khǎo khaa-phay-thian
Oeralgebergte (het)	เทือกเขายูรัล	thêuak khǎo yoo-ran
Kaukasus (de)	เทือกเขาคอเคซัส	thêuak khǎo khor-khay-sát
Elbroes (de)	ยอดเขาเอลบรุส	yôt khǎo ayn-brùt
Altaj (de)	เทือกเขาอัลไต	thêuak khǎo an-dtai
Tiensjan (de)	เทือกเขาเทียนชวน	thêuak khǎo thian-chaan
Pamir (de)	เทือกเขาพาเมียร์	thêuak khǎo paa-mia
Himalaya (de)	เทือกเขาหิมาลัย	thêuak khǎo hì-maa-lai
Everest (de)	ยอดเขาเอเวอเรสต์	yôt khǎo ay-wer-râyt
Andes (de)	เทือกเขาแอนดีส	thêuak-khǎo-aen-dèet
Kilimanjaro (de)	ยอดเขาคิลิมันจาโร	yôt khǎo khí-lí-man-jaa-roh

81. Rivieren

rivier (de)	แม่น้ำ	mâe náam
bron (~ van een rivier)	แหล่งน้ำแร่	làeng náam râe
rivierbedding (de)	เส้นทางแม่น้ำ	sên thaang mâe náam
rivierbekken (het)	ลุ่มน้ำ	lûm náam
uitmonden in ...	ไหลไปสู่...	lǎi bpai sòo...
zijrivier (de)	สาขา	sǎa-khǎa
oever (de)	ฝั่งแม่น้ำ	fàng mâe náam
stroming (de)	กระแสน้ำ	grà-sǎe náam
stroomafwaarts (bw)	ตามกระแสน้ำ	dtaam grà-sǎe náam
stroomopwaarts (bw)	ทวนน้ำ	thuan náam
overstroming (de)	น้ำท่วม	nám thûam
overstroming (de)	น้ำท่วม	nám thûam
buiten zijn oevers treden	เอ่อล้น	èr lón
overstromen (ww)	ท่วม	thûam
zandbank (de)	บริเวณน้ำตื้น	bor-rí-wayn nám dtêun
stroomversnelling (de)	กระแสน้ำเชี่ยว	grà-sǎe nám-chîeow
dam (de)	เขื่อน	khèuan
kanaal (het)	คลอง	khlorng
spaarbekken (het)	ที่เก็บกักน้ำ	thêe gèp gàk náam
sluis (de)	ประตูระบายน้ำ	bprà-dtoo rá-baai náam

waterlichaam (het)	พื้นน้ำ	phéun náam
moeras (het)	บึง	beung
broek (het)	ห้วย	hûay
draaikolk (de)	น้ำวน	nám won
stroom (de)	ลำธาร	lam thaan
drink- (abn)	น้ำดื่มได้	nám dèum dâai
zoet (~ water)	น้ำจืด	nám jèut
ijs (het)	น้ำแข็ง	nám khǎeng
bevriezen (rivier, enz.)	แช่แข็ง	châe khǎeng

82. Namen van rivieren

Seine (de)	แม่น้ำเซน	mâe náam sayn
Loire (de)	แม่น้ำลัวร์	mâe-náam lua
Theems (de)	แม่น้ำเทมส์	mâe-náam them
Rijn (de)	แม่น้ำไรน์	mâe-náam rai
Donau (de)	แม่น้ำดานูบ	mâe-náam daa-nôop
Wolga (de)	แม่น้ำวอลกา	mâe-náam won-gaa
Don (de)	แม่น้ำดอน	mâe-náam don
Lena (de)	แม่น้ำลีนา	mâe-náam lee-naa
Gele Rivier (de)	แม่น้ำหวง	mâe-náam hǔang
Blauwe Rivier (de)	แม่น้ำแยงซี	mâe-náam yaeng-see
Mekong (de)	แม่น้ำโขง	mâe-náam khǒhng
Ganges (de)	แม่น้ำคงคา	mâe-náam khong-khaa
Nijl (de)	แม่น้ำไนล์	mâe-náam nai
Kongo (de)	แม่น้ำคองโก	mâe-náam khong-goh
Okavango (de)	แม่น้ำโอคาวังโก	mâe-náam oh-khaa wang goh
Zambezi (de)	แม่น้ำแซมบีซี	mâe-náam saem bee see
Limpopo (de)	แม่น้ำลิมโปโป	mâe-náam lim-bpoh-bpoh
Mississippi (de)	แม่น้ำมิสซิสซิปปี	mâe-náam mít-sít-síp-bpee

83. Bos

bos (het)	ป่าไม้	bpàa máai
bos- (abn)	ป่า	bpàa
oerwoud (dicht bos)	ป่าทึบ	bpàa théup
bosje (klein bos)	ป่าละเมาะ	bpàa lá-mór
open plek (de)	ทุ่งโล่ง	thûng lôhng
struikgewas (het)	ป่าละเมาะ	bpàa lá-mór
struiken (mv.)	ป่าละเมาะ	bpàa lá-mór
paadje (het)	ทางเดิน	thaang dern
ravijn (het)	รองธาร	rông thaan

82

boom (de)	ต้นไม้	dtôn máai
blad (het)	ใบไม้	bai máai
gebladerte (het)	ใบไม้	bai máai

vallende bladeren (mv.)	ใบไม้ร่วง	bai máai rûang
vallen (ov. de bladeren)	ร่วง	rûang
boomtop (de)	ยอด	yôrt

tak (de)	กิ่ง	gìng
ent (de)	กานไม้	gâan mái
knop (de)	ยอดออน	yôrt òrn
naald (de)	เข็ม	khěm
dennenappel (de)	ลูกสน	lôok sŏn

boom holte (de)	โพรงไม้	phrohng máai
nest (het)	รัง	rang
hol (het)	โพรง	phrohng

stam (de)	ลำต้น	lam dtôn
wortel (bijv. boom~s)	ราก	râak
schors (de)	เปลือกไม้	bplèuak máai
mos (het)	มอส	môt

ontwortelen (een boom)	ถอนราก	thŏrn râak
kappen (een boom ~)	โคน	khôhn
ontbossen (ww)	ตัดไม้ทำลายป่า	dtàt mái tham laai bpàa
stronk (de)	ตอไม้	dtor máai

kampvuur (het)	กองไฟ	gorng fai
bosbrand (de)	ไฟป่า	fai bpàa
blussen (ww)	ดับไฟ	dàp fai

boswachter (de)	เจ้าหน้าที่ดูแลป่า	jâo nâa-thêe doo lae bpàa
bescherming (de)	การปกป้อง	gaan bpòk bpôrng
beschermen	ปกป้อง	bpòk bpôrng
(bijv. de natuur ~)		
stroper (de)	นักลอบล่าสัตว์	nák lôrp lâa sàt
val (de)	กับดักเหล็ก	gàp dàk lèk

plukken (vruchten, enz.)	เก็บ	gèp
verdwalen (de weg kwijt zijn)	หลงทาง	lŏng thaang

84. Natuurlijke hulpbronnen

natuurlijke rijkdommen (mv.)	ทรัพยากร ธรรมชาติ	sáp-pá-yaa-gon tham-má-châat
delfstoffen (mv.)	แร่	râe
lagen (mv.)	ตะกอน	dtà-gorn
veld (bijv. olie~)	บอ	bòr

winnen (uit erts ~)	ขุดแร่	khùt râe
winning (de)	การขุดแร่	gaan khùt râe
erts (het)	แร่	râe
mijn (bijv. kolenmijn)	เหมืองแร่	měuang râe

mijnschacht (de)	ช่องเหมือง	chôrng měuang
mijnwerker (de)	คนงานเหมือง	khon ngaan měuang
gas (het)	แก๊ส	gáet
gasleiding (de)	ท่อแก๊ส	thôr gáet
olie (aardolie)	น้ำมัน	nám man
olieleiding (de)	ท่อน้ำมัน	thôr náam man
oliebron (de)	บ่อน้ำมัน	bòr náam man
boortoren (de)	ปั่นจั่นขนาดใหญ่	bpân jàn khà-nàat yài
tanker (de)	เรือบรรทุกน้ำมัน	reua ban-thúk nám man
zand (het)	ทราย	saai
kalksteen (de)	หินปูน	hǐn bpoon
grind (het)	กรวด	grùat
veen (het)	พีต	phêet
klei (de)	ดินเหนียว	din nǐeow
steenkool (de)	ถ่านหิน	thàan hǐn
ijzer (het)	เหล็ก	lèk
goud (het)	ทอง	thorng
zilver (het)	เงิน	ngern
nikkel (het)	นิเกิล	ní-gêrn
koper (het)	ทองแดง	thorng daeng
zink (het)	สังกะสี	sǎng-gà-sěe
mangaan (het)	แมงกานีส	maeng-gaa-nêet
kwik (het)	ปรอท	bpa -ròrt
lood (het)	ตะกั่ว	dtà-gùa
mineraal (het)	แร่	râe
kristal (het)	ผลึก	phà-lèuk
marmer (het)	หินอ่อน	hǐn òrn
uraan (het)	ยูเรเนียม	yoo-ray-niam

85. Weer

weer (het)	สภาพอากาศ	sà-phâap aa-gàat
weersvoorspelling (de)	พยากรณ์ สภาพอากาศ	phá-yaa-gon sà-phâap aa-gàat
temperatuur (de)	อุณหภูมิ	un-hà-phoom
thermometer (de)	ปรอทวัดอุณหภูมิ	bpà-ròrt wát un-hà-phoom
barometer (de)	เครื่องวัดความดัน บรรยากาศ	khrêuang wát khwaam dan ban-yaa-gàat
vochtig (bn)	ชื้น	chéun
vochtigheid (de)	ความชื้น	khwaam chéun
hitte (de)	ความร้อน	khwaam rórn
heet (bn)	ร้อน	rórn
het is heet	มันร้อน	man rórn
het is warm	มันอุ่น	man ùn
warm (bn)	อุ่น	ùn

| het is koud | อากาศเย็น | aa-gàat yen |
| koud (bn) | เย็น | yen |

zon (de)	ดวงอาทิตย์	duang aa-thít
schijnen (de zon)	สองแสง	sòrng săeng
zonnig (~e dag)	มีแสงแดด	mee săeng dàet
opgaan (ov. de zon)	ขึ้น	khêun
ondergaan (ww)	ตก	dtòk

wolk (de)	เมฆ	mâyk
bewolkt (bn)	มีเมฆมาก	mee mâyk mâak
regenwolk (de)	เมฆฝน	mâyk fŏn
somber (bn)	มืดครึ้ม	mêut khréum

regen (de)	ฝน	fŏn
het regent	ฝนตก	fŏn dtòk
regenachtig (bn)	ฝนตก	fŏn dtòk
motregenen (ww)	ฝนปรอย	fòn bproi

plensbui (de)	ฝนตกหนัก	fŏn dtòk nàk
stortbui (de)	ฝนหาใหญ่	fŏn hàa yài
hard (bn)	หนัก	nàk
plas (de)	หลมน้ำ	lòm nám
nat worden (ww)	เปียก	bpìak

mist (de)	หมอก	mòrk
mistig (bn)	หมอกจัด	mòrk jàt
sneeuw (de)	หิมะ	hì-má
het sneeuwt	หิมะตก	hì-má dtòk

86. Zwaar weer. Natuurrampen

noodweer (storm)	พายุฟ้าคะนอง	phaa-yú fáa khá-nong
bliksem (de)	ฟ้าผ่า	fáa phàa
flitsen (ww)	แลบ	lâep

donder (de)	ฟ้าคะนอง	fáa khá-norng
donderen (ww)	มีฟ้าคะนอง	mee fáa khá-norng
het dondert	มีฟ้าร้อง	mee fáa rórng

| hagel (de) | ลูกเห็บ | lôok hèp |
| het hagelt | มีลูกเห็บตก | mee lôok hèp dtòk |

| overstromen (ww) | ท่วม | thûam |
| overstroming (de) | น้ำทวม | nám thûam |

aardbeving (de)	แผ่นดินไหว	phàen din wăi
aardschok (de)	ไหว	wăi
epicentrum (het)	จุดเหนือศูนย์แผ่นดินไหว	jùt nĕua sŏon phàen din wăi

uitbarsting (de)	ภูเขาไฟระเบิด	phoo khăo fai rá-bèrt
lava (de)	ลาวา	laa-waa
wervelwind (de)	พายุหมุน	phaa-yú mŭn
windhoos (de)	พายุทอร์เนโด	phaa-yú thor-nay-doh

tyfoon (de)	พายุไต้ฝุ่น	phaa-yú dtâi fùn
orkaan (de)	พายุเฮอร์ริเคน	phaa-yú her-rí-khayn
storm (de)	พายุ	phaa-yú
tsunami (de)	คลื่นสึนามิ	khlêun sèu-naa-mí
cycloon (de)	พายุไซโคลน	phaa-yú sai-khlohn
onweer (het)	อากาศไม่ดี	aa-gàat mâi dee
brand (de)	ไฟไหม้	fai mâi
ramp (de)	ความหายนะ	khwaam hǎa-yá-ná
meteoriet (de)	อุกกาบาต	ùk-gaa-bàat
lawine (de)	หิมะถล่ม	hì-má thà-lòm
sneeuwverschuiving (de)	หิมะถลม	hì-má thà-lòm
sneeuwjacht (de)	พายุหิมะ	phaa-yú hì-má
sneeuwstorm (de)	พายุหิมะ	phaa-yú hì-má

FAUNA

87. Zoogdieren. Roofdieren

roofdier (het)	สัตว์กินเนื้อ	sàt gin néua
tijger (de)	เสือ	sĕua
leeuw (de)	สิงโต	sĭng dtoh
wolf (de)	หมาป่า	măa bpàa
vos (de)	หมาจิ้งจอก	măa jîng-jòk
jaguar (de)	เสือจากัวร์	sĕua jaa-gua
luipaard (de)	เสือดาว	sĕua daao
jachtluipaard (de)	เสือชีตาห์	sĕua chee-dtaa
panter (de)	เสือดำ	sĕua dam
poema (de)	สิงโตภูเขา	sĭng-dtoh phoo khăo
sneeuwluipaard (de)	เสือดาวหิมะ	sĕua daao hì-má
lynx (de)	แมวป่า	maew bpàa
coyote (de)	โคโยตี้	khoh-yoh-dtêe
jakhals (de)	หมาจิ้งจอกทอง	măa jîng-jòk thorng
hyena (de)	ไฮยีนา	hai-yee-naa

88. Wilde dieren

dier (het)	สัตว์	sàt
beest (het)	สัตว์	sàt
eekhoorn (de)	กระรอก	grà rôk
egel (de)	เม่น	mâyn
haas (de)	กระต่ายป่า	grà-dtàai bpàa
konijn (het)	กระต่าย	grà-dtàai
das (de)	แบดเจอร์	baet-jer
wasbeer (de)	แร็คคูน	ráek khoon
hamster (de)	หนูแฮมสเตอร์	nŏo haem-sà-dtêr
marmot (de)	มาร์มอต	maa-môt
mol (de)	ตุ่น	dtùn
muis (de)	หนู	nŏo
rat (de)	หนู	nŏo
vleermuis (de)	ค้างคาว	kháang khaao
hermelijn (de)	เออร์มิน	er-min
sabeldier (het)	เซเบิล	say bern
marter (de)	มาร์เทิน	maa thern
wezel (de)	เพียงพอนสีน้ำตาล	phiang phon sĕe nám dtaan
nerts (de)	เพียงพอน	phiang phorn

| bever (de) | บีเวอร์ | bee-wer |
| otter (de) | นาก | nâak |

paard (het)	ม้า	máa
eland (de)	กวางมูส	gwaang môot
hert (het)	กวาง	gwaang
kameel (de)	อูฐ	òot

bizon (de)	วัวป่า	wua bpàa
wisent (de)	วัวป่าออรอช	wua bpàa or rôt
buffel (de)	ควาย	khwaai

zebra (de)	ม้าลาย	máa laai
antilope (de)	แอนทีโลป	aen-thi-lòp
ree (de)	กวางโรเดียร์	gwaang roh-dia
damhert (het)	กวางแฟลโลว์	gwaang flae-loh
gems (de)	เลียงผา	liang-phǎa
everzwijn (het)	หมูป่า	mǒo bpàa

walvis (de)	วาฬ	waan
rob (de)	แมวน้ำ	maew náam
walrus (de)	ช้างน้ำ	cháang náam
zeebeer (de)	แมวน้ำมีขน	maew náam mee khǒn
dolfijn (de)	โลมา	loh-maa

beer (de)	หมี	měe
ijsbeer (de)	หมีขั้วโลก	měe khúa lôhk
panda (de)	หมีแพนดา	měe phaen-dâa

aap (de)	ลิง	ling
chimpansee (de)	ลิงชิมแปนซี	ling chim-bpaen-see
orang-oetan (de)	ลิงอุรังอุตัง	ling u-rang-u-dtang
gorilla (de)	ลิงกอริลลา	ling gor-rin-lâa
makaak (de)	ลิงแม็กแคก	ling mâk-khâk
gibbon (de)	ชะนี	chá-nee

olifant (de)	ช้าง	cháang
neushoorn (de)	แรด	râet
giraffe (de)	ยีราฟ	yee-râaf
nijlpaard (het)	ฮิปโปโปเตมัส	híp-bpoh-bpoh-dtay-mát

| kangoeroe (de) | จิงโจ้ | jing-jôh |
| koala (de) | หมีโคอาล่า | měe khoh aa lâa |

mangoest (de)	พังพอน	phang phon
chinchilla (de)	คินคิลลา	khin-khin laa
stinkdier (het)	สกั๊งก์	sà-gang
stekelvarken (het)	เมน	mâyn

89. Huisdieren

poes (de)	แมวตัวเมีย	maew dtua mia
kater (de)	แมวตัวผู้	maew dtua phôo
hond (de)	สุนัข	sù-nák

paard (het)	ม้า	máa
hengst (de)	ม้าตัวผู้	máa dtua phôo
merrie (de)	มาตัวเมีย	máa dtua mia

koe (de)	วัว	wua
bul, stier (de)	กระทิง	grà-thing
os (de)	วัว	wua

schaap (het)	แกะตัวเมีย	gàe dtua mia
ram (de)	แกะตัวผู้	gàe dtua phôo
geit (de)	แพะตัวเมีย	pháe dtua mia
bok (de)	แพะตัวผู้	pháe dtua phôo

| ezel (de) | ลา | laa |
| muilezel (de) | ลอ | lôr |

varken (het)	หมู	mŏo
biggetje (het)	ลูกหมู	lôok mŏo
konijn (het)	กระตาย	grà-dtàai

| kip (de) | ไก่ตัวเมีย | gài dtua mia |
| haan (de) | ไก่ตัวผู้ | gài dtua phôo |

eend (de)	เป็ดตัวเมีย	bpèt dtua mia
woerd (de)	เป็ดตัวผู้	bpèt dtua phôo
gans (de)	หาน	hàan

| kalkoen haan (de) | ไก่งวงตัวผู้ | gài nguang dtua phôo |
| kalkoen (de) | ไก่งวงตัวเมีย | gài nguang dtua mia |

huisdieren (mv.)	สัตว์เลี้ยง	sàt líang
tam (bijv. hamster)	เลี้ยง	líang
temmen (tam maken)	เชื่อง	chêuang
fokken (bijv. paarden ~)	ขยายพันธุ์	khà-yǎai phan

boerderij (de)	ฟาร์ม	faam
gevogelte (het)	สัตว์ปีก	sàt bpèek
rundvee (het)	วัวควาย	wua khwaai
kudde (de)	ฝูง	fŏong

paardenstal (de)	คอกม้า	khôrk máa
zwijnenstal (de)	คอกหมู	khôrk mŏo
koeienstal (de)	คอกวัว	khôrk wua
konijnenhok (het)	คุอกกระตาย	khôrk grà-dtàai
kippenhok (het)	เลาไก	láo gài

90. Vogels

vogel (de)	นก	nók
duif (de)	นกพิราบ	nók phí-râap
mus (de)	นกกระจิบ	nók grà-jìp
koolmees (de)	นกติ๊ด	nók dtít
ekster (de)	นกสาลิกา	nók sǎa-lí gaa
raaf (de)	นกอีกา	nók ee-gaa

kraai (de)	นกกา	nók gaa
kauw (de)	นกจำพวกกา	nók jam phúak gaa
roek (de)	นกการูค	nók gaa róok
eend (de)	เป็ด	bpèt
gans (de)	ห่าน	hàan
fazant (de)	ไก่ฟ้า	gài fáa
arend (de)	นกอินทรี	nók in-see
havik (de)	นกเหยี่ยว	nók yìeow
valk (de)	นกเหยี่ยว	nók yìeow
gier (de)	นกแร้ง	nók ráeng
condor (de)	นกแร้งขนาดใหญ่	nók ráeng kà-nàat yài
zwaan (de)	นกหงส์	nók hǒng
kraanvogel (de)	นกกระเรียน	nók grà rian
ooievaar (de)	นกกระสา	nók grà-sǎa
papegaai (de)	นกแก้ว	nók gâew
kolibrie (de)	นกฮัมมิ่งเบิร์ด	nók ham-mîng-bèrt
pauw (de)	นกยูง	nók yoong
struisvogel (de)	นกกระจอกเทศ	nók grà-jòrk-thâyt
reiger (de)	นกยาง	nók yaang
flamingo (de)	นกฟลามิงโก	nók flaa-ming-goh
pelikaan (de)	นกกระทุง	nók-grà-thung
nachtegaal (de)	นกไนติงเกล	nók-nai-dting-gayn
zwaluw (de)	นกนางแอ่น	nók naang-àen
lijster (de)	นกเดินดง	nók dern dong
zanglijster (de)	นกเดินดงร้องเพลง	nók dern dong rórng phlayng
merel (de)	นกเดินดงสีดำ	nók-dern-dong sěe dam
gierzwaluw (de)	นกแอ่น	nók àen
leeuwerik (de)	นกลารค	nók lâak
kwartel (de)	นกคุ่ม	nók khúm
specht (de)	นกหัวขวาน	nók hǔa khwǎan
koekoek (de)	นกดุเหว่า	nók dù hǎy wâa
uil (de)	นกฮูก	nók hôok
oehoe (de)	นกเค้าใหญ่	nók kháo yài
auerhoen (het)	ไก่ป่า	gài bpàa
korhoen (het)	ไก่ดำ	gài dam
patrijs (de)	นกกระทา	nók-grà-thaa
spreeuw (de)	นกกิ้งโครง	nók-gîng-khrohng
kanarie (de)	นกขุนมิ่น	nók khà-mîn
hazelhoen (het)	ไก่น้ำตาล	gài nám dtaan
vink (de)	นกจาบ	nók-jàap
goudvink (de)	นกบูลฟินช์	nók boon-fin
meeuw (de)	นกนางนวล	nók naang-nuan
albatros (de)	นกอัลบาทรอส	nók an-baa-thrôt
pinguïn (de)	นกเพนกวิน	nók phayn-gwin

91. Vis. Zeedieren

brasem (de)	ปลาบรีม	bplaa bpreem
karper (de)	ปลาคาร์ป	bplaa khâap
baars (de)	ปลาเพิร์ช	bplaa phêrt
meerval (de)	ปลาดุก	bplaa-dùk
snoek (de)	ปลาไพค์	bplaa phai
zalm (de)	ปลาแซลมอน	bplaa saen-morn
steur (de)	ปลาสเตอร์เจียน	bpláa sà-dtêr jian
haring (de)	ปลาเฮอร์ริง	bplaa her-ring
atlantische zalm (de)	ปลาแซลมอนแอตแลนติก	bplaa saen-mon àet-laen-dtìk
makreel (de)	ปลาซาบะ	bplaa saa-bà
platvis (de)	ปลาลิ้นหมา	bplaa lín-mǎa
snoekbaars (de)	ปลาไพค์เพิร์ช	bplaa phái phert
kabeljauw (de)	ปลาค็อด	bplaa khót
tonijn (de)	ปลาทูน่า	bplaa thoo-nâa
forel (de)	ปลาเทราท์	bplaa thrau
paling (de)	ปลาไหล	bplaa lǎi
sidderrog (de)	ปลากระเบนไฟฟ้า	bplaa grà-bayn-fai-fáa
murene (de)	ปลาไหลมอเรย์	bplaa lǎi mor-ray
piranha (de)	ปลาปิรันยา	bplaa bpì-ran-yâa
haai (de)	ปลาฉลาม	bplaa chà-lǎam
dolfijn (de)	โลมา	loh-maa
walvis (de)	วาฬ	waan
krab (de)	ปู	bpoo
kwal (de)	แมงกะพรุน	maeng gà-phrun
octopus (de)	ปลาหมึก	bplaa mèuk
zeester (de)	ปลาดาว	bplaa daao
zee-egel (de)	หอยเม่น	hǒi mâyn
zeepaardje (het)	ม้าน้ำ	máa nám
oester (de)	หอยนางรม	hǒi naang rom
garnaal (de)	กุ้ง	gúng
kreeft (de)	กุ้งมังกร	gúng mang-gon
langoest (de)	กุ้งมังกร	gúng mang-gon

92. Amfibieën. Reptielen

slang (de)	งู	ngoo
giftig (slang)	พิษ	phít
adder (de)	งูแมวเซา	ngoo maew sao
cobra (de)	งูเห่า	ngoo hào
python (de)	งูเหลือม	ngoo lěuam
boa (de)	งูโบอา	ngoo boh-aa
ringslang (de)	งูเล็กที่ไม่เป็นอันตราย	ngoo lék thêe mâi bpen an-dtà-raai

ratelslang (de)	งูหางกระดิ่ง	ngoo hăang grà-dìng
anaconda (de)	งูอนาคอนดา	ngoo a -naa-khon-daa
hagedis (de)	กิ้งก่า	gîng-gàa
leguaan (de)	อีกัวนา	ee gua naa
varaan (de)	กิ้งกามอนิเตอร์	gîng-gàa mor-ní-dtêr
salamander (de)	ซาลาแมนเดอร	saa-laa-maen-dêr
kameleon (de)	กิ้งกาคามิเลียน	gîng-gàa khaa-mí-lian
schorpioen (de)	แมงป่อง	maeng bpòrng
schildpad (de)	เต่า	dtào
kikker (de)	กบ	gòp
pad (de)	คางคก	khaang-kók
krokodil (de)	จระเข	jor-rá-khây

93. Insecten

insect (het)	แมลง	má-laeng
vlinder (de)	ผีเสื้อ	phĕe sêua
mier (de)	มด	mót
vlieg (de)	แมลงวัน	má-laeng wan
mug (de)	ยุง	yung
kever (de)	แมลงปีกแข็ง	má-laeng bpèek khăeng
wesp (de)	ต่อ	dtòr
bij (de)	ผึ้ง	phêung
hommel (de)	ผึ้งบัมเบิลบี	phêung bam-bern bee
horzel (de)	เหลือบ	lèuap
spin (de)	แมงมุม	maeng mum
spinnenweb (het)	ใยแมงมุม	yai maeng mum
libel (de)	แมลงปอ	má-laeng bpor
sprinkhaan (de)	ตั๊กแตน	dták-gà-dtaen
nachtvlinder (de)	ผีเสื้อกลางคืน	phĕe sêua glaang kheun
kakkerlak (de)	แมลงสาบ	má-laeng sàap
teek (de)	เห็บ	hèp
vlo (de)	หมัด	màt
kriebelmug (de)	ริ้น	rín
treksprinkhaan (de)	ตั๊กแตน	dták-gà-dtaen
slak (de)	หอยทาก	hŏi thâak
krekel (de)	จิ้งหรีด	jîng-rèet
glimworm (de)	หิ่งหอย	hìng-hŏi
lieveheersbeestje (het)	แมลงเต่าทอง	má-laeng dtào thorng
meikever (de)	แมงอีนูน	maeng ee noon
bloedzuiger (de)	ปลิง	bpling
rups (de)	บุ้ง	búng
aardworm (de)	ไส้เดือน	sâi deuan
larve (de)	ตัวอ่อน	dtua òrn

FLORA

94. Bomen

boom (de)	ต้นไม้	dtôn máai
loof- (abn)	ผลัดใบ	phlàt bai
dennen- (abn)	สน	sǒn
groenblijvend (bn)	ซึ่งเขียวชอุ่ม ตลอดปี	sêung khǐeow chá-ùm dtà-lòrt bpee
appelboom (de)	ต้นแอปเปิ้ล	dtôn àep-bpêrn
perenboom (de)	ต้นแพร์	dtôn phae
zoete kers (de)	ต้นเชอรี่ป่า	dtôn cher-rêe bpàa
zure kers (de)	ต้นเชอรี่	dtôn cher-rêe
pruimelaar (de)	ต้นพลัม	dtôn phlam
berk (de)	ต้นเบิร์ช	dtôn bèrt
eik (de)	ต้นโอ๊ค	dtôn óhk
linde (de)	ตนไมดอกเหลือง	dtôn máai dòrk lěuang
esp (de)	ต้นแอสเพน	dtôn ae sà-phayn
esdoorn (de)	ตนเมเปิล	dtôn may bpêrn
spar (de)	ต้นเฟอร์	dtôn fer
den (de)	ต้นเกี๊ยะ	dtôn gía
lariks (de)	ตนลารช	dtôn lâat
zilverspar (de)	ต้นเฟอร์	dtôn fer
ceder (de)	ตนซีดาร	dtôn-see-daa
populier (de)	ต้นปอปลาร์	dtôn bpor-bplaa
lijsterbes (de)	ตนโรแวน	dtôn-roh-waen
wilg (de)	ต้นวิลโลว์	dtôn win-loh
els (de)	ตนอัลเดอร	dtôn an-dêr
beuk (de)	ต้นบีช	dtôn bèet
iep (de)	ตนเอลม	dtôn elm
es (de)	ต้นแอช	dtôn aesh
kastanje (de)	ตนเกาลัด	dtôn gao lát
magnolia (de)	ต้นแมกโนเลีย	dtôn mâek-noh-lia
palm (de)	ต้นปาลม	dtôn bpaam
cipres (de)	ตนไซเปรส	dtôn-sai-bpràyt
mangrove (de)	ต้นโกงกาง	dtôn gohng gaang
baobab (apenbroodboom)	ต้นเบาบับ	dtôn bao-bàp
eucalyptus (de)	ต้นยูคาลิปตัส	dtôn yoo-khaa-líp-dtàt
mammoetboom (de)	ตนสนซีค้วยา	dtôn sǒn see kua yaa

95. Heesters

struik (de)	พุ่มไม้	phúm máai
heester (de)	ต้นไม้พุ่ม	dtôn máai phúm
wijnstok (de)	ต้นองุ่น	dtôn a-ngùn
wijngaard (de)	ไร่องุ่น	râi a-ngùn
frambozenstruik (de)	พุ่มราสเบอร์รี่	phúm râat-ber-rêe
zwarte bes (de)	พุ่มแบล็คเคอร์แรนท์	phúm blàek-khêr-raen
rode bessenstruik (de)	พุ่มเรดเคอร์แรนท์	phúm râyt-khêr-raen
kruisbessenstruik (de)	พุ่มกูสเบอร์รี่	phúm gòot-ber-rêe
acacia (de)	ต้นอาเคเชีย	dtôn aa-khay-chia
zuurbes (de)	ต้นบาร์เบอร์รี่	dtôn baa-ber-rêe
jasmijn (de)	มะลิ	má-lí
jeneverbes (de)	ต้นจูนิเปอร์	dtôn joo-ní-bper
rozenstruik (de)	พุ่มกุหลาบ	phúm gù làap
hondsroos (de)	พุ่มดอกโรส	phúm dòrk-rôht

96. Vruchten. Bessen

vrucht (de)	ผลไม้	phŏn-lá-máai
vruchten (mv.)	ผลไม้	phŏn-lá-máai
appel (de)	แอปเปิ้ล	àep-bpêrn
peer (de)	ลูกแพร	lôok phae
pruim (de)	พลัม	phlam
aardbei (de)	สตรอว์เบอร์รี่	sà-dtror-ber-rêe
zure kers (de)	เชอร์รี่	cher-rêe
zoete kers (de)	เชอร์รี่ป่า	cher-rêe bpàa
druif (de)	องุ่น	a-ngùn
framboos (de)	ราสเบอร์รี่	râat-ber-rêe
zwarte bes (de)	แบล็คเคอร์แรนท์	blàek khêr-raen
rode bes (de)	เรดเคอร์แรนท์	râyt-khêr-raen
kruisbes (de)	กูสเบอร์รี่	gòot-ber-rêe
veenbes (de)	แครนเบอร์รี่	khraen-ber-rêe
sinaasappel (de)	ส้ม	sôm
mandarijn (de)	ส้มแมนดาริน	sôm maen daa rin
ananas (de)	สับปะรด	sàp-bpà-rót
banaan (de)	กล้วย	glúay
dadel (de)	อินทผลัม	in-thá-phâ-lam
citroen (de)	เลมอน	lay-mon
abrikoos (de)	แอปริคอท	ae-bprì-khôrt
perzik (de)	ลูกท้อ	lôok thór
kiwi (de)	กีวี	gee wee
grapefruit (de)	ส้มโอ	sôm oh
bes (de)	เบอร์รี่	ber-rêe

bessen (mv.)	เบอร์รี่	ber-rêe
vossenbes (de)	คาวเบอร์รี่	khaao-ber-rêe
bosaardbei (de)	สตรอวเบอร์รี่ป่า	sá-dtrorw ber-rêe bpàa
blauwe bosbes (de)	บิลเบอร์รี่	bil-ber-rêe

97. Bloemen. Planten

bloem (de)	ดอกไม้	dòrk máai
boeket (het)	ช่อดอกไม้	chôr dòrk máai

roos (de)	ดอกกุหลาบ	dòrk gù làap
tulp (de)	ดอกทิวลิป	dòrk thiw-líp
anjer (de)	ดอกคาร์เนชั่น	dòrk khaa-nay-chân
gladiool (de)	ดอกแกลดิโอลัส	dòrk gaen-dì-oh-lát

korenbloem (de)	ดอกคอร์นฟลาวเวอร์	dòrk khon-flaao-wer
klokje (het)	ดอกกระฝัง	dòrk rá-khang
paardenbloem (de)	ดอกแดนดิไลออน	dòrk daen-dì-lai-on
kamille (de)	ดอกคาโมมายล	dòrk khaa-moh maai

aloë (de)	ว่านหางจระเข้	wâan-hăang-jor-rá-khây
cactus (de)	ตูบองเพชร	dtà-bong-phét
ficus (de)	ตนเลียบ	dtôn lîap

lelie (de)	ดอกลิลลี่	dòrk lí-lêe
geranium (de)	ดอกเจอราเนียม	dòrk jer-raa-niam
hyacint (de)	ดอกไฮอะซินท	dòrk hai-a-sin

mimosa (de)	ดอกไมยราบ	dòrk mai râap
narcis (de)	ดอกนาร์ซิสซัส	dòrk naa-sít-sát
Oost-Indische kers (de)	ดอกแนสเตอร์ชัม	dòrk nâet-dtêr-cham

orchidee (de)	ดอกกล้วยไม้	dòrk glúay máai
pioenroos (de)	ดอกโบตั๋น	dòrk boh-dtăn
viooltje (het)	ดอกไวโอเล็ต	dòrk wai-oh-lét

driekleurig viooltje (het)	ดอกแพนซี	dòrk phaen-see
vergeet-mij-nietje (het)	ดอกฟอร์เก็ตมีน็อต	dòrk for-gèt-mee-nót
madeliefje (het)	ดอกเดซี	dòrk day see

papaver (de)	ดอกป๊อปปี้	dòrk bpóp-bpêe
hennep (de)	กัญชา	gan chaa
munt (de)	สะระแหน่	sà-rá-nàe

lelietje-van-dalen (het)	ดอกลิลลี่แห่งหุบเขา	dòrk lí-lá-lêe hàeng hùp khăo
sneeuwklokje (het)	ดอกหยาดหิมะ	dòrk yàat hì-má

brandnetel (de)	ตำแย	dtam-yae
veldzuring (de)	ซอรเรล	sor-rayn
waterlelie (de)	บัว	bua
varen (de)	เฟิร์น	fern
korstmos (het)	ไลเคน	lai-khayn
oranjerie (de)	เรือนกระจก	reuan grà-jòk
gazon (het)	สนามหญ้า	sà-năam yâa

bloemperk (het)	สนามดอกไม้	sà-năam-dòrk-máai
plant (de)	พืช	phêut
gras (het)	หญ้า	yâa
grasspriet (de)	ใบหญ้า	bai yâa

blad (het)	ใบไม้	bai máai
bloemblad (het)	กลีบดอก	glèep dòrk
stengel (de)	ลำต้น	lam dtôn
knol (de)	หัวใต้ดิน	hŭa dtâi din

scheut (de)	ต้นอ่อน	dtôn òrn
doorn (de)	หนาม	năam

bloeien (ww)	บาน	baan
verwelken (ww)	เหี่ยว	hìeow
geur (de)	กลิ่น	glìn
snijden (bijv. bloemen ~)	ตัด	dtàt
plukken (bloemen ~)	เด็ด	dèt

98. Granen, graankorrels

graan (het)	เมล็ด	má-lét
graangewassen (mv.)	ธัญพืช	than-yá-phêut
aar (de)	รวงขาว	ruang khâao

tarwe (de)	ข้าวสาลี	khâao săa-lee
rogge (de)	ข้าวไรย์	khâao rai
haver (de)	ข้าวโอต	khâao óht
gierst (de)	ข้าวฟ่าง	khâao fâang
gerst (de)	ขาวบาร์เลย์	khâao baa-lây

maïs (de)	ข้าวโพด	khâao-phôht
rijst (de)	ขาว	khâao
boekweit (de)	บัควีท	bàk-wêet

erwt (de)	ถั่วลันเตา	thùa-lan-dtao
nierboon (de)	ถั่วรูปไต	thùa rôop dtai
soja (de)	ถั่วเหลือง	thùa lĕuang
linze (de)	ถั่วเลนทิล	thùa layn thin
bonen (mv.)	ถั่ว	thùa

LANDEN VAN DE WERELD

99. Landen. Deel 1

Afghanistan (het)	ประเทศอัฟกานิสถาน	bprà-thâyt àf-gaa-nít-thăan
Albanië (het)	ประเทศแอลเบเนีย	bprà-thâyt aen-bay-nia
Argentinië (het)	ประเทศอาร์เจนตินา	bprà-thâyt aa-jayn-dtì-naa
Armenië (het)	ประเทศอาร์เมเนีย	bprà-thâyt aa-may-nia
Australië (het)	ประเทศออสเตรเลีย	bprà-thâyt òt-dtray-lia
Azerbeidzjan (het)	ประเทศอาเซอร์ไบจาน	bprà-thâyt aa-sêr-bai-jaan
Bahama's (mv.)	ประเทศบาฮามาส	bprà-thâyt baa-haa-mâat
Bangladesh (het)	ประเทศบังคลาเทศ	bprà-thâyt bang-khlaa-thâyt
België (het)	ประเทศเบลเยียม	bprà-thâyt bayn-yiam
Bolivia (het)	ประเทศโบลิเวีย	bprà-thâyt boh-lí-wia
Bosnië en Herzegovina (het)	ประเทศบอสเนีย และเฮอร์เซโกวินา	bprà-thâyt bòt-nia láe her-say-goh-wí-naa
Brazilië (het)	ประเทศบราซิล	bprà-thâyt braa-sin
Bulgarije (het)	ประเทศบัลแกเรีย	bprà-thâyt ban-gae-ria
Cambodja (het)	ประเทศกัมพูชา	bprà-thâyt gam-phoo-chaa
Canada (het)	ประเทศแคนาดา	bprà-thâyt khae-naa-daa
Chili (het)	ประเทศชิลี	bprà-thâyt chí-lee
China (het)	ประเทศจีน	bprà-thâyt jeen
Colombia (het)	ประเทศโคลัมเบีย	bprà-thâyt khoh-lam-bia
Cuba (het)	ประเทศคิวบา	bprà-thâyt khiw-baa
Cyprus (het)	ประเทศไซปรัส	bprà-thâyt sai-bpràt
Denemarken (het)	ประเทศเดนมาร์ก	bprà-thâyt dayn-màak
Dominicaanse Republiek (de)	สาธารณรัฐ โดมินิกัน	săa-thaa-rá-ná rát doh-mí-ní-gan
Duitsland (het)	ประเทศเยอรมนี	bprà-thâyt yer-rá-ma-nee
Ecuador (het)	ประเทศเอกวาดอร์	bprà-thâyt ay-gwaa-dor
Egypte (het)	ประเทศอียิปต์	bprà-thâyt bprà-thâyt ee-yíp
Engeland (het)	ประเทศอังกฤษ	bprà-thâyt ang-grìt
Estland (het)	ประเทศเอสโตเนีย	bprà-thâyt àyt-dtoh-nia
Finland (het)	ประเทศฟินแลนด์	bprà-thâyt fin-laen
Frankrijk (het)	ประเทศฝรั่งเศส	bprà-thâyt fà-ràng-sàyt
Frans-Polynesië	เฟรนช์โปลินีเซีย	frayn-bpoh-lí-nee-sia
Georgië (het)	ประเทศจอรเจีย	bprà-thâyt jor-jia
Ghana (het)	ประเทศกานา	bprà-thâyt gaa-naa
Griekenland (het)	ประเทศกรีซ	bprà-thâyt grèet
Groot-Brittannië (het)	บริเตนใหญ่	brì-dtayn yài
Haïti (het)	ประเทศเฮติ	bprà-thâyt hay-dtì
Hongarije (het)	ประเทศฮังการี	bprà-thâyt hang-gaa-ree
Ierland (het)	ประเทศไอร์แลนด์	bprà-thâyt ai-laen
IJsland (het)	ประเทศไอซ์แลนด์	bprà-thâyt ai-laen
India (het)	ประเทศอินเดีย	bprà-thâyt in-dia

Indonesië (het)	ประเทศอินโดนีเซีย	bprà-thâyt in-doh-nee-sia
Irak (het)	ประเทศอิรัก	bprà-thâyt i-rák
Iran (het)	ประเทศอิหราน	bprà-thâyt i-ràan
Israël (het)	ประเทศอิสราเอล	bprà-thâyt ìt-sà-rǎa-ayn
Italië (het)	ประเทศอิตาลี	bprà-thâyt i-dtaa-lee

100. Landen. Deel 2

Jamaica (het)	ประเทศจาเมกา	bprà-thâyt jaa-may-gaa
Japan (het)	ประเทศญี่ปุ่น	bprà-thâyt yêe-bpùn
Jordanië (het)	ประเทศจอรแดน	bprà-thâyt jor-daen
Kazakstan (het)	ประเทศคาซัคสถาน	bprà-thâyt khaa-sák-sà-thǎan
Kenia (het)	ประเทศเคนยา	bprà-thâyt khayn-yâa
Kirgizië (het)	ประเทศ คีรกีซสถาน	bprà-thâyt khee-gèet-à-thǎan
Koeweit (het)	ประเทศคูเวต	bprà-thâyt khoo-wâyt
Kroatië (het)	ประเทศโครเอเชีย	bprà-thâyt khroh-ay-chia
Laos (het)	ประเทศลาว	bprà-thâyt laao
Letland (het)	ประเทศลัตเวีย	bprà-thâyt lát-wia
Libanon (het)	ประเทศเลบานอน	bprà-thâyt lay-baa-non
Libië (het)	ประเทศลิเบีย	bprà-thâyt lí-bia
Liechtenstein (het)	ประเทศลิกเตนสไตน์	bprà-thâyt lík-tay-ná-sà-dtai
Litouwen (het)	ประเทศลิทัวเนีย	bprà-thâyt lí-thua-nia
Luxemburg (het)	ประเทศลักเซมเบิรก	bprà-thâyt lák-saym-bèrk
Macedonië (het)	ประเทศมาซิโดเนีย	bprà-thâyt maa-sí-doh-nia
Madagaskar (het)	ประเทศมาดากัสการ์	bprà-thâyt maa-daa-gàt-gaa
Maleisië (het)	ประเทศมาเลเซีย	bprà-thâyt maa-lay-sia
Malta (het)	ประเทศมอลตา	bprà-thâyt mon-dtaa
Marokko (het)	ประเทศมอร็อคโค	bprà-thâyt mor-rók-khoh
Mexico (het)	ประเทศเม็กซิโก	bprà-thâyt mék-sí-goh
Moldavië (het)	ประเทศมอลโดวา	bprà-thâyt mon-doh-waa
Monaco (het)	ประเทศโมนาโก	bprà-thâyt moh-naa-goh
Mongolië (het)	ประเทศมองโกเลีย	bprà-thâyt mong-goh-lia
Montenegro (het)	ประเทศ มอนเตเนโกร	bprà-thâyt mon-dtay-nay-groh
Myanmar (het)	ประเทศเมียนมาร์	bprà-thâyt mian-maa
Namibië (het)	ประเทศนามิเบีย	bprà-thâyt naa-mí-bia
Nederland (het)	ประเทศเนเธอรแลนด์	bprà-thâyt nay-ther-laen
Nepal (het)	ประเทศเนปาล	bprà-thâyt nay-bpaan
Nieuw-Zeeland (het)	ประเทศนิวซีแลนด์	bprà-thâyt niw-see-laen
Noord-Korea (het)	เกาหลีเหนือ	gao-lěe něua
Noorwegen (het)	ประเทศนอรเวย์	bprà-thâyt nor-way
Oekraïne (het)	ประเทศยูเครน	bprà-thâyt yoo-khrayn
Oezbekistan (het)	ประเทศอุซเบกิสถาน	bprà-thâyt ùt-bay-gìt-thǎan
Oostenrijk (het)	ประเทศออสเตรีย	bprà-thâyt òt-dtria

101. Landen. Deel 3

Pakistan (het)	ประเทศปากีสถาน	bprà-thâyt bpaa-gèet-thǎan
Palestijnse autonomie (de)	ปาเลสไตน์	bpaa-lâyt-dtai

Panama (het)	ประเทศปานามา	bprà-thâyt bpaa-naa-maa
Paraguay (het)	ประเทศปารากวัย	bprà-thâyt bpaa-raa-gwai
Peru (het)	ประเทศเปรู	bprà-thâyt bpay-roo
Polen (het)	ประเทศโปแลนด์	bprà-thâyt bpoh-laen
Portugal (het)	ประเทศโปรตุเกส	bprà-thâyt bproh-dtù-gàyt
Roemenië (het)	ประเทศโรมาเนีย	bprà-thâyt roh-maa-nia
Rusland (het)	ประเทศรัสเซีย	bprà-thâyt rát-sia
Saoedi-Arabië (het)	ประเทศซาอุดิอาระเบีย	bprà-thâyt saa-u-dì aa-ra-bia
Schotland (het)	ประเทศสก็อตแลนด์	bprà-thâyt sà-gòt-laen
Senegal (het)	ประเทศเซเนกัล	bprà-thâyt say-nay-gan
Servië (het)	ประเทศเซอร์เบีย	bprà-thâyt sêr-bia
Slovenië (het)	ประเทศสโลวีเนีย	bprà-thâyt sà-loh-wee-nia
Slowakije (het)	ประเทศสโลวาเกีย	bprà-thâyt sà-loh-waa-gia
Spanje (het)	ประเทศสเปน	bprà-thâyt sà-bpayn
Suriname (het)	ประเทศซูรินาม	bprà-thâyt soo-rí-naam
Syrië (het)	ประเทศซีเรีย	bprà-thâyt see-ria
Tadzjikistan (het)	ประเทศทาจิกิสถาน	bprà-thâyt thaa-jì-gìt-thǎan
Taiwan (het)	ไต้หวัน	dtâi-wǎn
Tanzania (het)	ประเทศแทนซาเนีย	bprà-thâyt thaen-saa-nia
Tasmanië (het)	ประเทศแทสเมเนีย	bprà-thâyt thâet-may-nia
Thailand (het)	ประเทศไทย	bprà-tâyt thai
Tsjechië (het)	ประเทศเช็กเกีย	bprà-thâyt chék-gia
Tunesië (het)	ประเทศตูนิเซีย	bprà-thâyt dtoo-ní-sia
Turkije (het)	ประเทศตุรกี	bprà-thâyt dtù-rá-gee
Turkmenistan (het)	ประเทศเติร์กเมนิสถาน	bprà-thâyt dtèrk-may-nít-thǎan
Uruguay (het)	ประเทศอุรุกวัย	bprà-thâyt u-rúk-wai
Vaticaanstad (de)	นครรัฐวาติกัน	ná-khon rát waa-dtì-gan
Venezuela (het)	ประเทศเวเนซุเอลา	bprà-thâyt way-nay-sú-ay-laa
Verenigde Arabische Emiraten	สหรัฐอาหรับเอมิเรตส์	sà-hà-rát aa-ràp ay-mí-râyt
Verenigde Staten van Amerika	สหรัฐอเมริกา	sà-hà-rát a-may-rí-gaa
Vietnam (het)	ประเทศเวียดนาม	bprà-thâyt wîat-naam
Wit-Rusland (het)	ประเทศเบลารุส	bprà-thâyt blao-rút
Zanzibar (het)	ประเทศแซนซิบาร์	bprà-thâyt saen-sí-baa
Zuid-Afrika (het)	ประเทศแอฟริกาใต้	bprà-thâyt àef-rí-gaa dtâi
Zuid-Korea (het)	เกาหลีใต้	gao-lěe dtâi
Zweden (het)	ประเทศสวีเดน	bprà-thâyt sà-wěe-dayn
Zwitserland (het)	ประเทศสวิตเซอร์แลนด์	bprà-thâyt sà-wit-sêr-laen

THAI
WOORDENSCHAT

NEDERLANDS THAI

De meest bruikbare woorden
Om uw woordenschat uit te breiden en
uw taalvaardigheid aan te scherpen

3000 woorden

Thematische woordenschat Nederlands-Thai - 3000 woorden

Door Andrey Taranov

Woordenlijsten van T&P Books zijn bedoeld om u woorden van een vreemde taal te helpen leren, onthouden, en bestudering. Dit woordenboek is ingedeeld in thema's en behandelt alle belangrijk terreinen van het dagelijkse leven, bedrijven, wetenschap, cultuur, etc.

Het proces van het leren van woorden met behulp van de op thema's gebaseerde aanpak van T&P Books biedt u de volgende voordelen:

- Correct gegroepeerde informatie is bepalend voor succes bij opeenvolgende stadia van het leren van woorden
- De beschikbaarheid van woorden die van dezelfde stam zijn maakt het mogelijk om woordgroepen te onthouden (in plaats van losse woorden)
- Kleine groepen van woorden faciliteren het proces van het aanmaken van associatieve verbindingen, die nodig zijn bij het consolideren van de woordenschat
- Het niveau van talenkennis kan worden ingeschat door het aantal geleerde woorden

T&P Books Publishing
www.tpbooks.com

ISBN: 978-1-78767-239-0

Dit boek is ook beschikbaar in e-boek formaat.
Gelieve www.tpbooks.com te bezoeken of de belangrijkste online boekwinkels.